Gerd Kulhavy | Susanne Petz

Die Geheimnisse der Spitzentrainer

Gerd Kulhavy | Susanne Petz

Die Geheimnisse der Spitzentrainer

Die besten Strategien für Ihren persönlichen Erfolg

REDLINE | VERLAG

Bibliografische Information der Deutschen Nationalbibliothek:

Die Deutsche Nationalbibliothek verzeichnet diese Publikation in der Deutschen Nationalbibliografie;
detaillierte bibliografische Daten sind im Internet über http://d-nb.de abrufbar.

Für Fragen und Anregungen:

kulhavy@redline-verlag.de
petz@redline-verlag.de

1. Auflage 2012

© 2012 by Redline Verlag, ein Imprint der Münchner Verlagsgruppe GmbH,
Nymphenburger Straße 86
D-80636 München
Tel.: 089 651285-0
Fax: 089 652096

Redaktion: Desirée Simeg, Gersthofen
Satz: HJR, Jürgen Echter, Landsberg am Lech
Druck: CPI – Ebner & Spiegel, Ulm
Printed in Germany

ISBN Print 978-3-86881-337-1
ISBN E-Book (PDF) 978-3-86414-239-0

Weitere Infos zum Thema

www.redline-verlag.de
Gerne übersenden wir Ihnen unser aktuelles Verlagsprogramm.

>>Es gibt für uns keinen anderen Weg der Entfaltung und Erfüllung als den der möglichst vollkommenen Darstellung des Gebots: Sei du selbst.<<

Hermann Hesse

Inhalt

Vorgespräch

Susanne Petz: Gerd, du hattest die Idee zu unserem Buch und hast auch das Thema eingebracht. Du hältst seit einiger Zeit den gleichnamigen Vortrag »Geheimnisse der Spitzentrainer«. Warum ist dir das Buch wichtig?

Gerd Kulhavy: Sprich und du wirst gesehen. Schreibe und du wirst gelesen. Ich empfehle den Trainern, die zu mir kommen und sich positionieren möchten, ein Buch zu schreiben. So wird man zur Marke. Also wollte ich das endlich auch auf meine Arbeit anwenden. Mehr als 15 Jahre bin ich als Agent im Speaker-Business und Referentenmarketing aktiv, seit 2002 mit Speakers Excellence. Am Anfang gab es dafür in Deutschland ja noch gar keinen Markt. Ich finde, es ist nun auch an der Zeit, dass ich ein bisschen von dem Wissen, das ich in dieser vergleichsweise jungen Branche gesammelt habe, weitergebe. Es ist – etwas reißerisch gesprochen – erlebtes Erfolgswissen, das wir hier präsentieren können.

Das präsentierst du in deinen Vorträgen ja auch.

Richtig. Aber ich habe den Eindruck, das Thema interessiert eine noch größere Öffentlichkeit als die, die ich in meinen Vorträgen erreichen kann. Sich erfolgreich zu positionieren und überzeugend zu kommunizieren, das sind zwei Themen, die heute für fast jeden Menschen im Berufsleben wichtig sind. In meinen Augen für Leute, die fest bei einem Unternehmen angestellt sind, übrigens genauso wie für Selbstständige und Unternehmer.

Andererseits gibt es dazu auch schon eine Menge Bücher …

Mir ist es wichtig, dass wir hier wirklich aus der Praxis berichten und nicht über irgendwelche Theorien. Dass wir 15 Spitzentrainer in dem Buch versammelt haben, die aus dem Nähkästchen plaudern, finde ich toll. Das ist auch ein Vertrauensbeweis. Gleichzeitig hast du als Journalistin viel theoretisches Wissen darüber, wie man in der Öffentlichkeit authentisch wirkt, und bringst als Coach den nötigen Tiefgang mit. Du hast den Spitzentrainern Antworten entlockt und in ihrem Leben Zusammenhänge entdeckt, die sie selbst so teilweise vorher gar nicht gesehen haben.

Wie wird man erfolgreich auf dem Speaker-Markt in Deutschland?

Wöchentlich rufen ein paar Dutzend Menschen bei mir an und wollen wissen: Wie kann ich das machen? Dieser Anfragestrom reißt nicht ab. Aufgrund der Arbeit mit vielen erfolgreichen Speakern habe ich die Muster erkannt, die eine Persönlichkeit zum Erfolg führen. Natürlich profitieren die, die jetzt starten, von diesen Erfahrungen.

Warum ist es dir wichtig, dass unser Buch auch Menschen anspricht, die nicht im Trainerbereich arbeiten?

Auf meinem persönlichen Lebensweg habe ich viele Menschen kennengelernt, die sehr kompetente Persönlichkeiten sind und wirklich etwas zu sagen haben, damit aber kaum Gehör finden. Es geht eben nicht nur um Inhalte, sondern auch um das erkennbare Profil, die Performance, die Art, sich und sein Thema zu präsentieren. Es ist mir ein Anliegen, dass wir unser Wissen aus der Weiterbildungsbranche so weitergeben, dass jeder damit sein persönliches Potenzial entfalten kann.

Gerd Kulhavy und Susanne Petz, März 2012

Persönlicher Erfolg hat viele Helfer

Mit dem Erfolg ist es so eine Sache – jeder verbindet etwas anderes damit. Der eine fühlt sich bestätigt und erfolgreich mit einem erfüllten Familienleben und Sicherheit im Beruf. Ein anderer verbindet mit persönlichem Erfolg Materielles – ein gutes Gehalt, eine Jacht im Mittelmeer oder einen schicken Sportwagen vor der Tür. Für wieder andere sind Ruhm und Ehre das entscheidende Kriterium. Und nicht zuletzt gibt es auch Menschen, die nichts weiter anstreben, als sich mit dem Thema, das sie besonders interessiert, beschäftigen zu dürfen.

Sie haben gerade begonnen, dieses Buch zu lesen, das Ihnen im Untertitel verspricht, die »besten Strategien für Ihren persönlichen Erfolg« zu liefern. Doch was genau erwarten Sie nun? Was treibt Sie ganz persönlich an? Welche Ziele Sie sich für Ihren persönlichen Erfolg gesteckt haben, wissen wir nicht. Vielleicht sind Sie sich über Ihre Ziele auch (noch) gar nicht ganz im Klaren. Haben Sie schon lange nicht mehr darüber nachgedacht oder aufgeschrieben, wo Sie stehen und was Sie noch erwarten – und daher im Moment kein Gefühl dafür?

Manchen Menschen fällt es schwer, überhaupt ein Ziel für sich zu definieren. Wenn Sie die Geschichten der 15 Spitzentrainer in diesem Buch lesen, wird Ihnen auffallen: Das Thema, das diese bekannten und erfolgreichen Menschen jeweils zu ihrem Lebensthema gemacht haben, kam den Trainern nicht aufgrund rein rationaler Analysen ihrer Fähigkeiten in den Sinn. Bei all diesen Menschen, die ihr Wissen und ihre Erfahrungen auf der Bühne an Tausende von Menschen weitergeben, hat es sich zu einem nicht unerheblichen Teil einfach so gefügt. Der Kern ihres Arbeitens hat sich sozusagen wie von selbst herausgeschält.

Jedes Leben ist von Zufällen geprägt. Beispiele für diese Zufälle finden sich in fast jeder der 15 Erfolgsgeschichten, die in *Geheimnisse der Spitzentrainer* ausschnittsweise beleuchtet werden. Angefangen bei Lothar Seiwert, der sein Thema in seinen jungen Berufsjahren eigentlich gar nicht sexy fand, über Tiki Küstenmacher, dem erst durch den Kollegen Seiwert bewusst wurde, dass seine im Vortrag live gezeichneten Cartoons weit mehr als eine Auflockerung darstellen, bis zu Daniela A. Ben Said, die ihre Berufung entdeckte, weil sie als Reinigungskraft in einem Fitness-Studio zufällig einem Motivationstrainer bei der Arbeit zuschauen konnte.

Ihr Lebensthema findet Sie

Erfahrungen wie diese kann jeder machen, der sich sowohl ein Ziel setzt als auch die Offenheit dafür behält, dass das Leben ihm noch andere – ungeahnte – Angebote machen könnte. Und dazu wollen wir Sie ermutigen!

Wollen Sie wirklich perfekt sein?

Schneller, höher, weiter, mehr – diese Superlative beherrschen nicht nur die Olympischen Spiele. Auch unser Alltag scheint ein derartiger Wettkampf geworden zu sein. Stillstand ist Rückschritt, lebenslanges Lernen das Mantra unserer Zeit. Auch wenn wir Strategien für Ihren persönlichen Erfolg beschreiben und Ihnen Spitzentrainer präsentieren, die per se der professionellen Selbstoptimierung verpflichtet sind, möchten wir in diesen Chor nicht so ohne Weiteres einstimmen.

Die Gründe, die uns alle in unserem Alltag zur Selbstoptimierung antreiben, kommen auf den ersten Blick erstrebenswert daher. Schließlich wollen wir uns weiterentwickeln, dazulernen, unsere Fach- und Methodenkompetenz sowie unser persönliches Tun optimieren. Es ist wichtig und richtig, Handlungsweisen kritisch zu überdenken, um so festgefahrene Strukturen aufzubrechen und neu zu ordnen. Wenn die selbstkritische Betrachtung dazu beiträgt, eigene Talente und Ressourcen aufzuspüren, um damit an den individuellen Stärken zu arbeiten, ist Selbstoptimierung ein wesentlicher Beitrag auf dem Weg zum Erfolg.

»Ich kenne eigentlich niemanden, der sich nicht verbessern will«, meint auch die Soziologin Stefanie Duttweiler. »Es ist toll, wenn es gelingt, seine Fehler in Stärken umzuwandeln. Gleichzeitig zeigt diese Forderung aber, dass man heute eigentlich keine Schwächen mehr haben darf«, gibt sie jedoch zu bedenken. Duttweiler hat an der Universität Zürich über Glücksratgeber promoviert und sieht durchaus die Berechtigung dieser Motivationsliteratur. »Einerseits verbreiten Glücksratgeber die gute Nachricht, dass Verbesserung möglich ist. Das kann für die Leser eine Entlastung sein. Wahrscheinlich stimmt das in gewissem Maße auch, denn das Leben eines Menschen ist nicht komplett durch seine Herkunft und sein Milieu vorherbestimmt. Andererseits stellt die Forderung nach Selbstoptimierung aber auch eine Belastung dar. Denn wirtschaftlicher Erfolg und Gesundheit sind faktisch nicht in gleichem Maße für jeden erreichbar, wie es die Glücksratgeber vermitteln.«[1]

Persönlichkeit statt Perfektion

Uns geht es nicht um Perfektion! Perfektion hat keinen Charakter. Wir wollen Ihnen Anregungen geben, Ihren eigenen Weg zum Erfolg – zu dem, was Sie darunter verstehen – zu finden. Dafür bieten wir Ihnen am Anfang jedes Kapitels ein paar grundsätzliche, ganz und gar nicht vollständige, sondern subjektive Gedanken und im Anschluss jeweils drei Spitzentrainer, die sich zu einem ausgewählten Aspekt in einem Gespräch mit uns in die Karten schauen lassen. Das Private, das Persönliche ist in unseren Augen der Botenstoff des Wissens und der Impulsgeber zu neuem Handeln. Dafür lassen unsere Trainer Sie an ihren Lebenserfahrungen teilhaben.

Nehmen Sie sich daraus das, was Sie wirklich anspricht. Lesen Sie das zuerst, wo es Sie am meisten hinzieht. An diesen Points of Interest können Sie mit diesem Buch sofort arbeiten. Die Leitfäden und Umsetzungsseiten am Ende jedes der fünf Kapitel sind als Anregungen für Sie gedacht. Sie können Ihre konkreten Gedanken und Ideen für Ihre ganz persönliche Situation gleich notieren. Die Wahrscheinlichkeit, dass Sie die Punkte, die Ihnen wichtig sind, dann wirklich angehen, ist umso größer, wenn Sie die Assoziationen, die Ihnen beim Lesen kommen, sofort schriftlich festhalten. Ebenso empfehlen wir Ihnen: Vergessen Sie einfach, was Sie nicht berührt. Im Sinne der japanischen Arbeits- und Lebensphilosophie Kaizen (von Japanisch *Kai*: Wandel und *Zen*: zum Besseren, also Veränderung zum Besseren) wollen wir Sie anregen, Ihren persönlichen Wesenskern beim Streben nach Verbesserung und Erfolg in den Mittelpunkt zu stellen. Wichtig sind dafür zwei Dinge:

1. Betrachten Sie sich selbst mit Wertschätzung für das Erreichte *und* für das nicht Erreichte.

2. Wägen Sie ab, welche Veränderungen wirklich zu Ihnen passen.

Wer oder was ist vorbildlich?

Ein Sprichwort sagt: Kritik ist gut, Vorbild besser. Nach der Theorie des sozialkognitiven Lernens von Albert Bandura[2] ahmen wir das Verhalten von Vorbildern – Bandura nennt sie *Modelle* – nach, das aus unserer Sicht zu einem positiven Ergebnis, also zum Erfolg führt. Was ein solches positives Ergebnis ist, hängt dabei vom Standpunkt des Betrachters ab. Die Eltern haben bei ihren Kindern als Vorbilder aber spätestens im Teenageralter ausgedient und Pop-Idole als Modell verlieren auch irgendwann ihren Zauber. Und für jeden Erwachsenen ist die Skepsis in der heutigen Informationsgesellschaft – in der noch der kleinste Makel prominenter Persönlichkeiten mediale Großereignisse entfachen kann – groß.

Vorbilder, so zeigt ein Blick auf die alle paar Jahre veröffentlichten Listen[3], schweben entweder weit über allen moralischen Anfeindungen oder stammen fast zu direkt aus unserem Leben. Mutter Teresa, Nelson Mandela, Michail Gorbatschow und Mahatma Gandhi nehmen die vorderen Plätze ein – Freiheits-Heilige ohne Zeit und

Raum, bei denen sich die Frage stellt, welche reale Bedeutung sie als Leitbild tatsächlich haben können. Ihre Lebensleistungen sind so gigantisch, dass ein persönlicher Bezug für Nachfolgende fast unmöglich wird. Alternativ stehen dem gegenüber »Realos« aus Politik, Medien und Wirtschaft – mit realen Problemen.

Es liegt uns fern, Spitzentrainer zu Vorbildern stilisieren zu wollen. Sie sind reale Menschen mit individuellen Stärken und Schwächen. Aber jeder dieser Trainer hat mindestens in einem der hier vorgestellten Aspekte sein Verhalten absolut vorbildlich und sehr erfolgreich perfektioniert. Sie müssen also gar nicht entscheiden, wen der 15 Sie als Ihr Vorbild auf ein Podest stellen wollen – schnei-

Jeder Mensch kann ein Vorbild sein

den Sie sich einfach von jedem, der oder die sie anspricht, die Scheibe ab, die zu Ihnen passt. So laufen Sie garantiert nicht Gefahr, sich selbst auszubremsen. Wie der französische Schauspieler und Regisseur François Truffaut so schön gesagt haben soll: »Man kann niemanden überholen, wenn man in seine Fußstapfen tritt.«

Wie viel Glück braucht Ihr Erfolg?

Interessant ist, dass das Wort Erfolg in unserem heutigen Sinn früher in der deutschen Sprache gar nicht existierte. Erfolg ist etymologisch betrachtet eine Ableitung von »folgen«. Gemeint war damit ursprünglich das, was zeitlich gesehen später geschieht, also eine allgemeine Folge oder Konsequenz im Sinne des – schicksalhaften – Verlaufs einer Sache. Erst in späterer Zeit, sicher nicht zufällig in der Industrialisierung, wandelte sich die Bedeutung von Erfolg hin zu einem Resultat, also zu einem willentlich geschaffenen Ergebnis. Für das, was wir heute als Erfolg bezeichnen, dienten früher Begriffe wie Sieg oder Glück.

Manchmal neigen wir dazu, zu vergessen, dass Erfolg eben nicht nur ein willentlich und absichtlich selbst geschaffener Zustand ist, sondern dass auch eine Portion Glück dazugehört. Zum Beispiel das Glück eines Zufalls oder des richtigen Zeitpunkts. Beide Wörter,

Glück und Erfolg, sind eng miteinander verbunden. Fehlt der Erfolg,

Glück und Erfolg gehören zusammen

sind wir unglücklich. Sind wir unglücklich, werden wir in unserem Tun nicht erfolgreich sein. Beides gehört zusammen wie zwei Seiten einer Medaille. Die größte Motivation für unser Schaffen ziehen wir offensichtlich aus dem Streben nach Erfolg. Gleichzeitig betonen viele erfolgreiche Menschen, dass es ihre Misserfolge

Auch Misserfolge sind Hinweise für mehr Erfolg

waren, die sie vorangebracht haben. So sagt Tennislegende Boris Becker von sich, er habe aus seinen Rückschlägen oft mehr gelernt, als aus seinen Erfolgen. Und auch für Coco Chanel stand fest: »Es sind nicht die Erfolge, aus denen man lernt, sondern die Fiaskos.« Wieso fällt es uns dennoch so schwer, auch unsere Misserfolge in dieser positiven Bedeutung anzunehmen?

In der Nachfolge von Maria Montessori und ihrer »Polarisation der Aufmerksamkeit« sowie der »schöpferischen Leidenschaft« des Begründers der Erlebnispädagogik, Kurt Hahn, beschreibt der amerikanische Psychologie-Professor Mihaly Csikszentmihalyi das Flow-Erleben[4]. Seine Erkenntnis lautet: Ein Glücksgefühl (Flow) entsteht, wenn sich unsere Fähigkeiten und unsere Herausforderungen im Einklang befinden. Wächst die Herausforderung zu schnell, stellt sich ein Gefühl der Überforderung ein; übersteigen die Fähigkeiten die Herausforderungen, kommt Langeweile auf. Finden Sie Ihr eigenes Maß, also die Ziele, die Sie ebenso zuversichtlich wie erfüllt Ihr Dasein genießen lassen.

Strategien, sprich: Anleitungen, zur Umsetzung Ihrer Ziele, sodass daraus Ergebnisse werden können, bieten wir Ihnen hier in großer Zahl an. Wir gehen davon aus, dass fast jede Art von Erfolg eine Re-

Erfolg braucht Resonanz

sonanz braucht. Das heißt, dass Sie andere davon überzeugen müssen, dass Ihr Ziel wichtig, richtig und erstrebenswert ist. Sonst haben Sie zwar ein tolles Ziel, aber keinen persönlichen Erfolg. Ein Beispiel dafür ist Karl Bechert. Vermutlich kennen Sie den Namen nicht, obwohl er von der britischen Tageszeitung *The Guardian* als Vater der Anti-Atom-Bewegung in Deutschland bezeichnet wurde.[5]

Der Physiker und zeitweilige SPD-Politiker kämpfte nach dem Ende des Zweiten Weltkrieges vehement gegen die atomare Aufrüstung und später auch gegen die wirtschaftliche Nutzung von Atomenergie. Bechert war Zeit seines Lebens ein Außenseiter, dem die Anerkennung versagt blieb. So nahm zum Beispiel sein Parteikollege Erhard Eppler den unbestechlichen und geradlinigen Physiker als »bescheidenen, belächelten, oft ganz hilflosen Professor«[6] wahr. Wer weiß, ob es zum Unglück von Fukushima gekommen wäre, wenn dieser engagierte Mensch sich auf überzeugende Weise hätte Gehör verschaffen können …

Genau dabei wollen wir Sie unterstützen. Die Grundlage ist, dass Sie Ihr persönliches *Profil* schärfen und sich selbst zu einer Marke entwickeln, indem Sie sich einen Namen machen, eine Nische besetzen und für andere ein Problem lösen. Darum geht es im ersten Kapitel. Im zweiten Kapitel erfahren Sie, wie Sie mit Ihrer *Performance* aus einer guten Botschaft auch eine überzeugende Sache machen, indem Sie Entertainment großschreiben, Geschichten erzählen und mit Ihrer Erscheinung bei Kunden und Kollegen punkten. Wie Sie sich zudem durch Ihre *Präsentation* unvergesslich machen, indem Sie die Macht des Bildes, einen eigenen Slogan und die Kraft der Farbe nutzen, darum dreht sich Kapitel 3. Anregungen, wie Sie *Präsenz* über den Bühnenrand hinaus entfalten, indem Sie Mehrwerte produzieren, sich als Autorität positionieren und mit allen Sinnen überzeugen, liefert Kapitel 4. Und dann heißt es in Kapitel 5: Reden ist Gold. Damit Ihre Ziele Sogwirkung entwickeln, lüften wir *PR*-Geheimnisse zum Thema Netzwerken, zeigen, wie Sie aus Ihrem Auftritt eine Nachricht machen und in Verbänden wertvolle Verbindungen schaffen.

Auf dass für Ihre persönliche Erfolgsgeschichte keine Misserfolge nötig sind und viele glückliche Zufälle Ihnen unter die Arme greifen!

1 Profil: Seien Sie nicht besser – seien Sie anders

Wie entsteht die Glaubwürdigkeit einer Marke?

Seit Beginn der Industrialisierung versuchen Unternehmen, sich durch Markenbildung voneinander abzuheben. Dabei geht der Bedeutungswandel, den Marken in den letzten 250 Jahren erlebt haben, mit einem Transformationsprozess innerhalb der Gesellschaft einher. Karl Polanyi beschrieb diesen 1944 als »Great Transformation« und erläuterte am Beispiel Englands im 19. und 20. Jahrhundert, wie die Industrialisierung, in zeitlicher Allianz mit der Entwicklung der Nationalstaaten, eine fundamentale Veränderung der politischen, sozialen und wirtschaftlichen Umstände hervorgerufen hat. Zwischen den beiden Momenten »Herausbildung der Marktwirtschaft« und »Schaffung von Nationen« nahm der österreichisch-ungarische Ökonom eine starke Wechselwirkung an, wofür er den Begriff Market-Society prägte.[7] Im Jahr 2012, beim Weltwirtschaftsforum in Davos, griffen die Verantwortlichen Polanyis Great Transformation wieder auf – sicher nicht aus einem Gefühl der Nostalgie heraus, sondern in Anerkennung der aktuellen Orientierungssuche, die durch die markerschütternden Eruptionen der Finanzkrise ausgelöst wurde und von der nicht wenige hoffen, dass sie zu einem grundsätzlichen Überdenken der kapitalistischen Werteordnung führen wird.

Der Status quo des gesellschaftlichen Veränderungsprozesses zeigt sich nicht zuletzt in dem Anspruch, den moderne Unternehmen und Marken für sich selbst erheben und der von immer mehr Konsumenten an sie gestellt wird: Wirtschaftsbetriebe werden heute an ihrer Weltanschauung gemessen. Wo früher ein ausdrucksstarkes Logo ausreichte, verlangen die Menschen jetzt Mehrwerte. Mit der Befriedigung rein materieller Bedürfnisse macht kaum noch eine Marke einen Unterschied. Aber auch Charme und Hipstertum reichen im 21. Jahrhundert immer seltener aus. In Zukunft werden von einer Marke konsequente Wertorientierung und Nachhaltigkeit gefordert. Corporate Social Responsibility heißt das neue Zauberwort – und ganze Abteilungen sind damit beschäftigt, Unternehmen und ihre Produkte auf diesen Fixstern einzuordnen.

Weltanschauung als Wirtschaftsfaktor

»Wenn heute von den Verantwortungsträgern international aufgestellter Unternehmen ethisches Handeln erwartet wird, meint das über persönliche Tugenden hinaus ein Wirtschaften, das das Wohl der Mitarbeiter, der Gesellschaft, der Umwelt berücksichtigt«,[8] stellt Marketingstratege Hermann H. Wala fest. Diese Messlatte gilt unserer Überzeugung nach nicht nur für Manager internationaler Konzerne, sondern für jeden von uns. Egal ob Sie Topmanager, Büromanager oder Manager Ihrer eigenen One-Man- respektive One-Woman-Show sind: Auf lange Sicht wird nur der, welcher einen tiefen Sinn in seinem Handeln findet, der über den Einsatz für Umsatz und Gewinn hinausgeht, zufrieden und erfolgreich sein.

Laut American Marketing Association ist eine Marke »a name, term, design, symbol, or any other feature that identifies one seller's good or service as distinct from those of other sellers«.[9] Wesentlicher Teil dieser Unterscheidung zur Konkurrenz sind heute die Werte, für die eine Marke steht, und die Bedeutungen, mit denen sie aufgeladen wird. Meaningful Branding lautet daher das Schlagwort der Zeit.

Werte setzen Kaufimpulse

Laut einer von Werbeagenturen in weltweit 14 Ländern durchgeführten Studie aus dem Jahr 2011 legen 91 Prozent der Befragten in Deutschland Wert auf die Nachhaltigkeit einer Marke. Sie würden es gerne sehen, wenn sich Unternehmen stärker an der Lösung von sozialen und Umweltproblemen beteiligten.[10] Ein Unternehmen, das langfristig am Markt überleben möchte, tut gut daran, diese Kundenerwartung in seine strategische Ausrichtung einzubeziehen.

Wie viel einfacher war doch das Leben zu Beginn der industriellen Revolution, als die Werbung zaghaft das Licht der Welt erblickte. Für den Bau von Fabriken waren ungewohnt hohe Investitionen notwendig. Sollten sich diese amortisieren, musste unbedingt ein Konzept gefunden werden, welches das Produkt möglichst lange am Markt hielt und die Umsatzzahlen sicherte, wenn nicht sogar steigerte. Fortan kennzeichneten also Hersteller ihre Kisten mit Zeichen und Namen. Das reichte, um die Aufmerksamkeit der Kunden in den damals typischen Gemischtwarenhandlungen auf einzelne Produkte zu lenken und sicherzustellen, dass die Konsumenten künftig gezielt danach verlangten.

Eine ganze Reihe Marken von damals haben den Wandel der Zeit überdauert. Man denke nur an Porzellan aus Meissen. Die Manufaktur wurde 1710 gegründet. Seit 1731 werden alle Erzeugnisse aus diesem Haus mit den berühmten gekreuzten Schwertern versehen. Bleistifte von Faber-Castell, dem heute weltweit größten Hersteller von Holzstiften, gibt es seit 1761. Und auch die Produkte aus der ehemaligen Essigbrauerei Kühne gehören zu den ältesten Marken Deutschlands. Am 1. Mai 1875 trat dann das Markenschutzgesetz des Deutschen Reichstages in Kraft, das von Lothar von Faber per Petition angeregt worden war und bereits im Oktober auch die Anmeldung der unverkennbaren Schwerter als Schutzmarke für Meissner Porzellan zuließ. Unerlaubte Kopien waren damit ab sofort unlauter und konnten erstmals rechtlich verfolgt werden. Das stachelte den Ehrgeiz um größtmögliche Bekanntheit an. Das Waschmittel Persil, das 1907 auf den Markt kam, hatte bereits ein Jahr später einen Werbeetat von einer Million Mark, umgerechnet auf heutige Standards etwa 5 Millionen Euro. Zum Vergleich: Damit spielte Persil fast schon in der Liga von Coca-Cola. Das Getränk erfuhr seinen rasanten Aufschwung zu Beginn des 20. Jahrhunderts nicht zuletzt durch die ungewöhnlich hohen Summen, die Asa Candler für Werbung ausgab – 1900 immerhin 85.000 US-Dollar, 1912 schon eine Million US-Dollar (das entsprach rund vier Millionen Mark).

Die ältesten Marken Deutschlands

Lässt sich das Vertrauen zu einer Marke erkaufen?

»Die Marke dient zur Anbahnung eines seelischen Vertrauensverhältnisses bei den Abnehmern«,[11] definierte der Ökonom und Sohn eines Kolonialwarenhändlers Franz Findeisen schon 1924 die Funktion einer Marke weit über die reine Produktbezeichnung hinaus. Es gelte, einen »seelischen Konnex«, eine Beziehung zwischen Ware und Subjekt – also dem Käufer – zu schaffen, der dem Vertrauensverhältnis zwischen Arzt und Patient gleiche, führte der Leipziger Hochschulprofessor seine These aus. Der Vergleich zum medizinischen Bereich drängte sich auf, war es zu Beginn doch gerade die sogenannte Apothekenware, bei welcher der Kunde spezielle Marken zu bevorzugen begann. »Eine Ware, die nicht fähig ist, ein solches seelisches Verhältnis (...) zum Subjekt auszulösen, taugt nicht zur Markenware. (...) Man muss Vertrauen haben, dass sie einem bestimmten Zweck am besten genügt. (...) Wie ein Arzt ohne Vertrauen undenkbar ist, so ist auch das Heilmittel ohne Vertrauen unmöglich.«[12]

Nach den Hungerjahren des Zweiten Weltkrieges war es das erste Interesse der Unternehmen, sich mit ihren Marken in der öffentlichen Wahrnehmung zurückzumelden und im Boom des Wirtschaftswunders neu zu positionieren. Die Nase vorn hatte, wer es schaffte, die Bedürfnisse der Kunden nach Wohlgefühl, Bequemlichkeit und Sicherheit zu befriedigen. Oder zumindest zu suggerieren, dass das Produkt dazu in der Lage sei. Das Papiertaschentuch Tempo war **Tempo hat die** schon 1929 auf den Markt gebracht und als Mar-**Nase vorn** ke registriert worden. Während der Schreckensjahre wurde die Produktion als nicht kriegsrelevant gestoppt. Ab Dezember 1947 lief die Herstellung wieder an. Von da an war der Erfolg dieser Marke nicht mehr aufzuhalten: Tempo war günstig, immer blütenweiß, ersparte das Waschen und war auch in Bezug auf das zunehmende Hygienebedürfnis der Wohlstandsgesellschaft dem alten Stofftaschentuch um Längen voraus. Mit seinem geschwungenen Schriftzug, der seit Einführung nur einmal, 1951, einen Relaunch erfuhr, hat es einen ungebrochen hohen Wiedererkennungswert. Obwohl andere Marken ihm inzwischen die Monopolstellung streitig machen, ist Tempo in Deutschland bis heute das Synonym für alle Papiertaschentücher. Tempo ist eines der bekanntesten Beispiele, bei dem sich ein Markenname zu einem Gattungsnamen verselbstständigt hat. Doch wie viele Chancen haben wir heute, sogenannte First-Mover-Produkte zu entwickeln oder selbst ein First Mover zu sein?

Um auch in gesättigten Märkten, in denen es jedes Produkt tausendfach gibt, noch Nähe herzustellen, Vertrauen zu schaffen und den Kunden an ihr Produkt zu binden, bauen die Unternehmen inzwischen ganze Erlebniswelten auf und kreieren Events, die das Produkt erlebbar machen sollen. Prominentes Beispiel ist die BMW-World im Herzen Münchens. 500 Millionen Euro hat sich der Automobilhersteller das 2007 eröffnete futuristische Gebäude am Rande des Olympiaparks kosten lassen, dessen Dach aus Stahl und Glas auch den Markusplatz in Venedig komplett überdecken könnte. Was soll es uns suggerieren, dass uns Freude am Fahren und Ästhetik, die bewegt, in einem Umfeld von Poetry-Slam, Weltmusik und bildender Kunst vermittelt wird? Wie annähernd jede Anschaffung sind auch Autos heute als Produkt austauschbar. Wie weit hat sich unsere Kaufentscheidung von der Frage entfernt, mit welchem fahrbaren Untersatz wir sicher und frei nach dem ganz individuellen Fahrplan von A nach B kommen?

Kann Ihr persönliches Wohlbefinden von einer Marke hergestellt werden?

Als Kunden geht es manch einem von uns um Luxus, manch einem nur um Komfort, aber fast immer kreisen wir um unser persönliches Wohlbefinden. Auch bei der Bio-Lebensmittel-Welle, die seit der Katastrophe von Tschernobyl 1986 stetig bis in ungeahnte Höhen brandet, liegt uns Konsumenten die persönliche Gesundheit anscheinend näher als die Rettung der Welt. Diese Erkenntnis legt jedenfalls eine Studie nahe, die Nina Mazar und Chen-Bo-Zhong an der Universität von Toronto durchgeführt und 2010 veröffentlicht haben.[13] In verschiedenen Experimenten stellten sie fest, dass die Versuchspersonen, die sich für Bio-Produkte entscheiden, stärker auf den persönlichen Vorteil fixiert sind als andere Versuchspersonen. Selbst die jüngste Wirtschaftskrise konnte das Anwachsen der Umsätze für fast alles, auf dem »Bio« oder »Öko« steht, kaum bremsen. Es gibt heute keine herkömmlichen Supermärkte mehr, die nicht auch Bio-Produkte im Sortiment führen.

Und der Versuch, als Öko zu gelten, treibt seltsame Blüten. Ob Krombacher wirklich mehr Biertrinker gewinnt, weil die Brauerei damit wirbt, mit jedem Getränkekasten einen Beitrag zur Sicherung des Regenwaldes zu leisten? Ob McDonald's durch die viel beworbene Vermarktung regionaler Produkte einen neuen Kundenstamm generiert? Darüber hinaus ist Bio längst nicht mehr nur in der Lebensmittelindustrie das Motto der Zeit. Viele Wirtschaftszweige sind auf diesen Zug aufgesprungen.

Die Maximierung der persönlichen Bedürfnisbefriedigung und der Kultivierung des persönlichen Styles durch Marken in der Lebensmit-

Ich-Marken-Gesellschaft mit Sehnsucht nach Sinn

tel- sowie der Konsumgüterindustrie scheint sich synchron mit der Individualisierung der Gesellschaft zu entwickeln. Dazu passt die Ausrufung vom Menschen als Marke, dem Ich als Marke, der Persönlichkeit als Marke. Wir leben in einer Ich-Marken-Gesellschaft. Jeder von uns möchte einzigartig, möchte eine Marke sein. Selbstverwirklichung ist einer der begehrtesten Zustände. Sein Leben ohne Einschränkungen selbstbestimmt gestalten zu können ist für viele von uns das oberste Ziel. Doch was heißt das? Was wollen Sie wirklich tun? Als Coachs erleben wir sehr viele Menschen, die darauf keine Antwort finden. Es drängt sich der Eindruck auf: Gerade jetzt, in einer Zeit, in der die Freiheit zur Selbstverwirklichung größer ist als je zuvor, beginnt die Sehnsucht nach einem Sinn, der über das eigene Ego hinausgeht.

Wie entsteht Ihr Lebenssinn?

Der deutsche Management-Vordenker Hermann Simon stellte zu Beginn dieses Jahrtausends in einem Aufsatz über Freiheit, Sinnstiftung und Führung fest: »Traditionelle Institutionen wie Familie, Kirche oder Verein und Bezugsrahmen wie Dorfgemeinschaft oder Nation haben an Bedeutung hinsichtlich ihrer Funktion als Vermittler von Lebenssinn eingebüßt. Wer wird diese Aufgabe in Zukunft ausfüllen: Freundeskreise, Peergroups, zeitlich begrenzte Partnerschaften, New-Age-Organisationen, neue Religionen? Oder die Unternehmen? Mancher Unternehmensführer wird sich in der Rolle des Sinnstifters für seine Mitarbeiter nicht wohlfühlen. Aber Unternehmen und damit die einzelnen Führungskräfte können sich dieser Herausforderung immer weniger entziehen.«[14]

Auffallend ist, dass sich gleichzeitig fast alle Schwierigkeiten im Berufsleben auf Defizite im Bereich der Sinnfindung zurückführen lassen. Wenn es statt einer Vision nur das Ringen um Umsatzplus und die Verlockung von sicherem Einkommen oder mehr Gehalt gibt, wird intrinsische Motivation zum Fremdwort. Doch wer den persönlichen Bezug zu seiner Tätigkeit verloren hat und den tieferen Sinn dahinter nicht mehr erkennen kann, der hat es schwer, voller Elan an sein Tagwerk zu gehen. Vor allem wenn dies immer raumgreifender wird und die dauernde Verfügbarkeit via Handy und Internet die Abgrenzung zwischen Freizeit und Arbeitszeit nicht nur für Freiberufler, sondern für viele von uns fast unmöglich macht.

Es sieht so aus, als würde in dieser globalisierten und vernetzten Welt auch die Sehnsucht nach einem am Wohl aller orientierten, verantwortlichen Handeln wachsen. Konzerne jedenfalls scheinen eine solche Erwartung zu verspüren, denn sie greifen sie auf. BP erklärt sich selbst zum Marktführer in Sachen Solarenergie, **Greenwashing reicht nicht aus** Vattenfall macht sich zum Vorreiter in puncto Umweltschutz, andere Stromerzeuger bauen Gezeitenkraftwerke. Doch reines Greenwashing, bei dem sich Unternehmen ein grünes Mäntelchen umhängen und sich in Werbung und PR ein umweltfreundliches und verantwortungsbewusstes Image geben, dem die tatsächliche Unternehmensstrategie aber nicht entspricht, funktioniert nicht mehr. Es fällt negativ auf, wenn Stromkonzerne gleichzeitig gegen das Abstellen der Atomkraftwerke klagen, BP zwar 45 Millionen in die Solarenergie, aber mehr als das Vierfache in die entsprechende Werbekampagne investiert, und Vattenfall die Klimaschutzprojekte, für welche die Firma 300 Millionen Euro ausgegeben haben will, auf Journalistenfragen hin nicht benennen kann.

In Zeiten, in denen selbst Regierungen die Macht der Social Media fürchten, in denen Revolutionen via Twitter und Facebook organisiert werden, sind Marken und ist jeder Einzelne von uns einem immerwährenden Dialog ausgesetzt. Der Austausch im Internet etabliert einen Grad an Transparenz, dem sich keiner entziehen kann, der am Markt bestehen möchte. Hülsen, Plattitüden oder gar potemkinsche Wertedörfer werden von der Community – wenn der Stein des Anstoßes es wert scheint – rasant entlarvt und in der Manier von Wikileaks an den Pranger gestellt. Wer die Regeln des Dialogs verletzt, verspielt seine Glaubwürdigkeit und damit das Vertrauen in die Qualität seiner Leistungen oder seines Produktes.

Folgerichtig ruft der eingangs zitierte Münchner Markenexperte Hermann H. Wala in seinem 2011 erschienen Buch *Meine Marke* zur Bildung von »Wir-Marken« auf.[15] Fühlt und lebt jeder einzelne Mitarbeiter des Unternehmens die Wertorientierung, mit der seine Marke auf dem Markt präsent ist? Oder lässt die Unternehmenskultur dies gar nicht zu? Gradmesser für Authentizität und Glaubwürdigkeit ist die Frage, inwiefern es sich tatsächlich auch um nach innen gelebte Werte handelt, die das Unternehmen, Sie als Manager oder als Selbstständiger mit Ihrer Marke nach außen zu transportieren suchen. »Dies impliziert, dass eine glaubwürdige Markenpositionierung auf der Übereinstimmung der Markenwerte mit den tatsächlich praktizierten Werten und Normen basiert – der Unternehmenskultur«, so die junge Kommunikationswissenschaftlerin Hanna Lena Deitmar.[16] Und so mausert sich die Marke vom äußeren

Glaubwürdigkeit entsteht aus gelebten Werten

Erscheinungsbild einer Firma zu ihrem inneren Gewissen. Wir sind beim Meaningful Branding angekommen.

Die Öffentlichkeit scheint einen sehr feinen Sensor dafür zu haben, ob es sich um eine klare, verantwortungsvolle Haltung handelt, die auf allen Ebenen wahrnehmbar ist, oder um Imagepflege ohne Bodenhaftung. Die Glaubwürdigkeit einer Marke, so analysiert McKinsey[17], setze sich zusammen aus Zuverlässigkeit, Ehrlichkeit, Erfolg, Intelligenz und Charme. Glaubwürdigkeit sei, so das Beratungsunternehmen, ein wesentlicher Wettbewerbsvorteil. Das sind Attribute, die sehr weit über das rein materielle Produkt oder die Dienstleistung hinausgehen. Leider zeigt sich immer erst im Konfliktfall, wie viel Ehrlichkeit beispielsweise möglich und wie viel **Zauberwort Transparenz** Makellosigkeit nötig ist, um von der Zuverlässigkeit eines Produktes oder einer Dienstleistung zu überzeugen. Vermutlich ist letztendlich Transparenz das Zauberwort, das mit Vertrauen belohnt wird.

Marke ist das, was andere über dich erzählen

Glaubwürdigkeit ist auch der Schlüssel, wenn es darum geht, sich selbst zu positionieren und zu profilieren. Authentisch zu sein, bei aller Inszenierung nicht aus den Augen zu verlieren, wofür Sie stehen. Es hat keinen Sinn, eine Rolle zu spielen oder ein Bild zu verkörpern, von dem Sie lediglich annehmen, dass Sie in der Öffentlichkeit, bei den Kollegen oder den Kunden so besser ankommen. Uli Hoeneß, Präsident des Fußball-Ligisten FC Bayern München, bekannt durch seine markigen Sprüche und die mit Biss gewürzten Wutausbrüche, sagt: »Das Polarisieren gehört zur Marke.« Wer ihn näher kennt, schätzt seine Macherqualitäten, seine Bodenständigkeit und seine Ausdauer. Wie beim Branding für Produkte führt beim Human Branding Aufgesetztheit nicht zum Ziel. Markenexperte Jon Christoph Berndt bringt es auf den Punkt: »Die eigene Marke wird wahrnehmbar und begehrt, wenn man weiß, dass Marke nicht das ist, was man sein möchte, sondern das, was andere über einen erzählen.«[18]

Im Kern funktioniert auch die Entwicklung des eigenen Profils wie eine Produktmarkenführung. In seinem Markendreieck fordert der Human-Brand-Fachmann Berndt auf, sich zu überlegen, was Sie einzigartig macht, also was Ihren USP (Unique Selling Proposition) darstellt, wie Sie sich von der Norm, also den Mitbewerbern, abheben und welchen Nutzen Sie bringen.[19] Berndt konkretisiert Nutzen mit dem »Gesellschaftsbeitrag«, den Sie leisten, und spricht »von Ihrem Beitrag zur Gesellschaft, der Ihnen Relevanz verleiht. Von dem, was Sie den Menschen dalassen, woran sich andere irgendwann gern und eindeutig erinnern.«[20] Und unsere Erfahrung besagt: Als Mensch haben Sie es leichter, eine Marke zu sein, als jedes Produkt. Vorausgesetzt, Sie zeigen sich! Denn nichts ist so einzigartig und unterschiedlich, wie jeder Einzelne von uns.

Das Ziel ist es, Kollegen, Kunden oder Konkurrenten deutlich vor Augen zu führen, was von Ihnen zu erwarten ist, für welchen Wert **Jeder Mensch ist eine** Sie stehen und in welchen Situationen gerade ***Wert*marke** Sie eine besondere Hilfestellung leisten können. Eigentlich selbstverständlich. Und doch vermissen wir diese Klarheit –manchmal bei uns selbst, manchmal beim Gegenüber. Die Ressource, aus der heraus jeder von uns sein persönliches Profil entwickeln kann, steht schon bereit. Es ist unser eigenes Bedürfnis: So, wie wir alle als Verbraucher von einer Marke heute mehr erwarten, als dass sie ein materielles Bedürfnis befriedigt, so erwarten wir auch in unserem persönlichen Arbeitsleben mehr, als dass wir mit dem Gehalt oder dem Gewinn, den wir erzielen, unseren Lebensunterhalt finanzieren können. Wir wollen uns mit unserer Arbeit identifizieren können und die Art und Weise, wie wir tätig sind, muss uns als Persönlichkeit ehrlich entsprechen. Wissen Sie schon, für welchen Wert Sie wirklich stehen?

Trainer, Speaker und Coachs sind auch deshalb ein gutes Anschauungsmaterial für die Schritte zum persönlichen Erfolg, weil sie meist ihr eigenes Unternehmen sind. Sie sind Personenmarken und haben sich als solche positioniert. Sie machen den Unterschied nicht mit einer Technik oder einem Thema, sondern mit dem Mehrwert, den sie zu bieten haben. Und natürlich ist dieser nur dann glaubwürdig, wenn er sich klar aus der Persönlichkeit des Trainers ableiten lässt.

Zum Thema Profil haben wir als Erfolgskriterien herausgegriffen:

1. Sich einen Namen machen,

2. eine Nische besetzen und

3. für andere ein Problem lösen.

Unsere Gesprächspartner, die Spitzentrainer Lothar Seiwert, Klaus J. Fink und Marco von Münchhausen, repräsentieren nicht nur das jeweilige Erfolgskriterium perfekt, sondern docken auch als Persönlichkeit überzeugend an das Thema an, mit dem sie auf der Bühne stehen.

Machen Sie sich einen Namen

Lothar Seiwert: »Es reicht nicht, ein Experte zu sein«

Der schottische Physiker Peter Higgs verdankt einen Teil seiner Berühmtheit wahrscheinlich einem glücklichen Zufall. Seine wichtigste Erkenntnis hat Higgs nicht allein gehabt: Als der Elementarteilchenforscher 1964 entdeckte, wie Materie im Universum zu ihrer Masse gelangen kann, arbeiteten die beiden Wissenschaftler Robert Brout und François Englert zeitgleich am selben Problem. Sie kamen nicht nur zur identischen Lösung, sondern sie veröffentlichten diese im August 1964 auch noch einige Wochen vor Higgs. Trotzdem spricht die Welt bis heute vom Higgs-Teilchen und nicht vom Brout- oder Englert-Partikel. Es ist also nicht immer nur der Erste, der sich einen Namen macht, so wie wir zwar den Namen des ersten Mannes auf dem Mond kennen, aber länger überlegen oder googeln müssen, wer nach Neil Armstrong einen Fuß auf den Erdtrabanten setzte. Warum Higgs in der öffentlichen Wahrnehmung das Rennen machte, wissen wir nicht genau. »Einmal verwendet, setzte der einprägsame Name sich durch«, schreibt die *Süddeutsche Zeitung* in einem Artikel über Higgs am 14. Dezember 2011 lapidar.

Wie schaffen Sie es, dass Ihr Name untrennbar mit einem Thema verbunden wird? Dass Sie quasi zum Tempo-Taschentuch innerhalb einer Community werden? Offensichtlich ist es weder nur darauf zurückzuführen, dass Sie der Einzige sind, der dieses Thema besetzt, noch ausschließlich darauf, dass Sie der Erste sind, der sich damit an die Öffentlichkeit wagt. Das beste Beispiel dafür aus dem Bereich der Spitzen-Speaker ist Lothar Seiwert, der meistzitierte Experte zum Thema Selbst- und Zeitmanagement. Seiwert besetzt das Thema Zeitmanagement seit Anfang der 1980er-Jahre. Er hat über 4 Millionen Bücher in fast 40 Sprachen verkauft, darunter Titel wie (*Noch*) *Mehr Zeit für das Wesentliche, Wenn du es eilig hast, gehe langsam, Simplify your Time* oder *Ausgetickt. Lieber selbstbestimmt als fremdgesteuert.* Doch er war nicht der Erste und ist nicht der Einzige, der sich mit diesem Thema beschäftigt. Dennoch ist er nicht nur in der Google-Suche zum Thema Zeitmanagement unter 2,7 Millionen Treffern ganz weit vorn.

Im Studium der Wirtschaftswissenschaften fiel dem jungen Doktoranden Seiwert erstmals auf, dass manche seiner Kommilitonen Zeitplan-Bücher benutzten. »Wenn mir damals jemand gesagt hätte, das würde meine Lebensmission werden, hätte ich ihn für verrückt erklärt«, so der heutige Zeitmanagement-Papst. Könnte das heißen, man muss noch nicht einmal von klein auf von einem Thema besessen sein, um sich den Spitzenplatz in der öffentlichen Wahrnehmung zu erarbeiten?

Der Berufseinsteiger Seiwert wechselte nach einigen Jahren im Personalwesen in den Bereich Managementtraining. Als jüngster Mitarbeiter musste er das Thema übernehmen, das die anderen loswerden wollten. »›Zu-fall‹ heißt, es fällt dir zu, weil es fällig ist«, kommentiert Seiwert diese weichenstellende Entwicklung heute. Damals sah er es weniger positiv: »Ich fand das Thema erst einmal unsexy.« Lothar Seiwert erzählt von sich, er habe als Student schon gern mal ausgeschlafen. Andererseits gab es nur wenige Kommilitonen, die wie er den Abgabestress für die Diplomarbeit mit der sogenannten Netzplantechnik in Grenzen hielten, bei der man seine Arbeitsschritte und -zeiten vom Abgabetermin ausgehend rückwärts plant. Effektivität war also schon sehr früh sein Thema. Was damals noch keiner ahnen konnte: Inzwischen kann Seiwert auf ein ansehnliches Lebenswerk zum Thema Zeitmanagement verweisen.

Kein anderes Thema bekam so viel Resonanz

Das zugefallene Thema entwickelte sich prächtig. Auf einmal waren 90 Prozent der Aufträge des Trainers Zeitmanagement-Seminare. Keines der anderen Weiterbildungskonzepte, die er parallel entwickelt hatte, brachte eine vergleichbare Resonanz. Darauf reagierte Seiwert und schrieb 1982 sein erstes kleines Zeit-Buch, *Zielwirksam arbeiten*, bei dem Zeit noch nicht im Titel stand, aber bereits zentrales Thema war. Zwei Jahre später folgte der erste Meilenstein, das Buch *Mehr Zeit für das Wesentliche*, das ein weltweit verkaufter Bestseller wurde.

Damit gelang Lothar Seiwert der erste Schritt auf dem Weg zum Expertenstatus für sein Thema Zeitmanagement und er positionierte sich entsprechend. Viele Markenstrategen betonen, diese Positionierung müsse spitz sein und nicht breit. Gerade wer sein Business neu aufbaut, unterliegt oft dem Irrglauben, mit einem breiteren Angebot eine breitere Zielgruppe zu erreichen und damit mehr Umsatz erwirtschaften zu können. Andererseits ist so die Konkurrenz riesig – und das Alleinstellungsmerkmal nicht erkennbar. Seiwert hatte schon während des Studiums die Engpasskonzentrierte Strategie von Wolfgang Mewes[21] kennen und schätzen gelernt, sodass es sein Ziel war, mit dem eigenen Thema ein konstantes Grundbedürfnis abzudecken, wie beispielsweise Geld, Kommunikation, Gesundheit oder eben Zeit.

Wie groß das Bedürfnis nach einem anderen Umgang mit dem Thema Zeit war, bekam Seiwert anhand der Rückmeldungen der Teilnehmer in seinen Managementseminaren hautnah zu spüren. Auch leuchtete ihm ein, wie wichtig Mewes' Forderung ist, alle Aktivitäten zu fokussieren und einem Thema wirklich treu zu bleiben. Dennoch fällt auf: Zeitmanagement ist ein sehr weites Feld, das in vielen Facetten von vielen Trainern angeboten wird. Der Name Seiwert hat sich trotzdem durchgesetzt. Wie erfolgreich der hauptberuflich agierende, zertifizierte Vortragsredner CSP (Certified Speaking Professional) Seiwert – 2005 auf dem Alpensymposium sprach er beispielsweise als einziger Vorredner vor Bill Clinton – heute unterwegs ist, davon zeugen unter anderem die zahlreichen Auszeichnungen, die er im Laufe der Jahre verliehen bekam.

Sorgen Sie selbst für Ihre Verkaufserfolge

Wahre Meisterschaft erreichen Sie in der Disziplin »Machen Sie sich einen Namen« sicher nur, wenn Sie es verstehen, die Welt an Ihrem Wissen teilhaben zu lassen. Lothar Seiwert ist seit 1982 kontinuierlich am Ball geblieben und hat regelmäßig Bücher zum Thema Zeitmanagement veröffentlicht. Hunderttausende seiner Klassiker *Wenn du es eilig hast, gehe langsam* und *Das 1 x 1 des Zeitmanagements* wurden verkauft. Was unter anderem deshalb nicht erstaunlich ist, weil Seiwert auch nach dem Abschluss eines Buches die Hände nicht in den Schoß legt: »Wer für seine (Verkaufs-)Erfolge nicht selber sorgt, der hat sie nicht verdient«, lautet seine Devise. Und danach handelte er nicht nur vor dem ersten Bestseller, sondern er tut es bis heute. Selbstverständlich kümmert sich der oberste Zeitmanager der Republik darum, dass bekannte Persönlichkeiten bei Amazon Rezensionen seiner Bücher einstellen. Es sei gut investiert, zu diesem Zweck ein paar Dutzend Bücher an mögliche Rezensenten zu verschicken, erklärt Seiwert bei seinem Plädoyer für Hartnäckigkeit. Selbstverständlich pflegt der professionelle Netzwerker Kontakte zu Journalisten und erfährt so manchmal schon vorab von geplanten Themen. Er ist sich auch nicht zu schade, sich selbst als Gesprächspartner anzubieten oder auf Artikel zu seinem Herzensthema mit einem Leserbrief zu reagieren.

Natürlich kann man sich nicht selbst als Zeitmanagement-Guru oder Zeitmanagement-Papst bezeichnen – das würde anmaßend wirken und in der Öffentlichkeit durchfallen. Lothar Seiwert weiß noch nicht einmal genau, wann er in der Presse das erste Mal so genannt wurde, vermutlich in den 1990er-Jahren. In seinen Augen gebührt der Titel »Papst« ohnehin nur einem Herrn im Vatikan und auch den Guru hätte er sich nicht ausgesucht. Doch auf die Bezeichnung »Europas führender Zeitmanagement-Experte« legt der Keynote-Speaker Wert – und er hat auch keine Hemmungen, diese Bezeichnung einem Journalisten, der gerade einen Artikel schreibt, in dem er Seiwert zitiert, nahezulegen. »Wenn Journalisten schreiben, *ein Experte für,* dann ist das in meinen Augen die vierte Liga. *Der Experte für* ist die dritte Liga. Experte nennt sich heute doch jeder. Deshalb sorge ich dafür, dass mein Name nicht unter Wert verkauft wird.« Ähnlich strategisch sind zum Beispiel auch seine Trainerkollegen Andreas Buhr, »die Umsatz-Maschine« (siehe Kapitel 4), und Boris Grundl (siehe Kapitel 3) unterwegs. Grundl möchte das Thema Leadership in Europa so besetzen, dass es wie »Brille: Fielmann« eines Tages heißt: Leadership: Grundl. »Vielleicht muss ich irgendwann erkennen, es ist zu groß«, gibt Grundl zu. Doch wer eine solche Vision nicht entwickelt, setzt seinem möglichen Erfolg viel zu früh Grenzen.

Strategisch geschickt hat Lothar Seiwert auch Kooperationen geplant, um seine Reputation als Nummer eins im Zeit- und Lebensmanagement zu stützen und neue Märkte zu erschließen. Der Managementtrainer und Keynote-Speaker hat mit fast allen namhaften Herstellern von Zeitmanagement-Tools zusammengearbeitet. Sei es Time/system oder später Microsoft Outlook, sei es der Blackberry-Hersteller RIM (Research In Motion) oder Apples iPhone und iPad. Auch bei der Aufschlüsselung des Themas Zeitmanagement nach verschiedenen Zielgruppen, wie Kindern oder Frauen, sowie in einzelne Berufsgruppen suchte der Autor Partnerschaften mit führenden Kollegen aus dem jeweiligen Bereich. Aufmerksamen Lesern wird es vielleicht schon aufgefallen sein: Auch das Autorenduo dieses Buchs vereint einen in der Trainerbranche sehr bekannten und einen weniger bekannten Namen.

Die größte Kunst? Dabei zu bleiben!

Die größte Verführung ist es sicherlich, dem Thema, mit dem man sich einen Namen gemacht hat, irgendwann untreu zu werden: Entweder weil man es satt hat und schon in- und auswendig kennt oder weil ein anderes Thema gerade so viel mehr in Mode ist. Selbst Lothar Seiwert hatte einmal »eine kleine Verirrung«, wie er selbst es nennt. Eines Tages schrieb er Bücher über Kundenorientierung und Persönlichkeitsanalysen, von denen er heute sagt: »Das hätte nicht unbedingt sein müssen.« Die große Kunst ist es, sein Expertenthema im Wandel der Zeit stets neu zu definieren. Heute geht es Seiwert zum Beispiel nicht mehr um Zeitoptimierung um ihrer selbst willen, sondern um die Selbst-, im Unterschied zur Fremdbestimmung im Umgang mit der Ressource Zeit.

Augenzwinkernd erzählt ein Kollege über Lothar Seiwert, dass gerade der Zeitmanagement-Papst gern einmal zu spät komme. Er selbst sagt von sich, dass er eigentlich ein fauler oder – freundlicher ausgedrückt – ein bequemer Mensch ist. Was dann doch erstaunt, nachdem er zum Beispiel so ein zeitaufwendiges Ehrenamt wie die Präsidentschaft der German Speakers Association innehatte. Dennoch: Manch einer wundert sich, dass ausgerechnet Seiwert die Zeit zu seinem Thema gemacht hat. Dabei können wir sein Thema überaus folgerichtig aus seiner Persönlichkeit ableiten. Gerade die Grundhaltung, gern einmal nichts zu tun, sorgt dafür, dass der Bestsellerautor vieles in seinem Leben so zeiteffizient wie möglich erledigt. So trafen wir uns zum Interview mit dem Zeitmanager in einem netten Restaurant – eine (!) Minute vom Heidelberger Hauptbahnhof entfernt. Seine E-Mails kommen oft als »Sofort-Antwort« zurück, meist in einer erstaunlichen Geschwindigkeit. Dieses vorangestellte Wort Sofort-Antwort soll dem Leser signalisieren: »Alles, was in 30 Sekunden geht, mache ich sofort« – dafür fallen die förmlichen Bausteine der Ansprache weg. Manche seiner Mails sind so kurz, dass der Inhalt in die Betreffzeile passt. Und ansonsten ist Seiwert ein Fan des Pareto-Prinzips[22], nach dem 80 Prozent der Ergebnisse in 20 Prozent der Zeit erzielt werden können.

Wer sagt eigentlich, dass Zeit nur für jemanden wichtig sein kann, der sie effektiv einsetzen will, um noch mehr beruflichen Output zu erbringen? Am Ende ist es vielleicht gerade dieser Umgang mit der persönlichen Zeit, der den – übrigens auf Sumatra in Indonesien geborenen – Mann zum Inbegriff des Zeitmanagements gemacht hat. Haben wir es doch seinem Wunsch nach voller Zeitsouveränität zu verdanken, dass Seiwert seinen Beamtenstatus als Hochschulprofessor entgegen aller Ratschläge aus dem Freundes- und Kollegenkreis an den Nagel hängte, um sich in der Freiheit eines selbstständigen Speakers und Autors der Zeit in all ihren Dimensionen zu widmen.

Ich habe an der Bedürfnislage meiner Teilnehmer angesetzt

Ein Abendessen mit Lothar Seiwert. Wir überlegen (völlig unbegründet, wie sich dann herausstellt), ob wir vorher noch etwas essen sollen, denn das Restaurant liegt direkt am Heidelberger Hauptbahnhof. Zeiteffizienter geht es nicht. Dafür nimmt er sich anschließend die Zeit, uns trotz Dezemberwetter zum Bahnsteig zu bringen.

Susanne Petz/Gerd Kulhavy: Von »Mir wurde das Thema als jüngster Trainer zugeschoben« bis »Dies ist mein Lebensthema« ist es ein weiter Weg. Wie hat sich das entwickelt?
Lothar Seiwert: Als angestellte Managementtrainer mussten wir einen bestimmten Prozentsatz an Seminartagen selbst halten, konnten aber auch Fremdtrainer einkaufen. Ich hätte mir also einen Externen einkaufen und selbst ein anderes Thema präsentieren können. Doch nach einem Blick auf die Angebote, die auf dem Markt waren, habe ich entschieden: Das machst du selbst – und besser.

Ein Buch ist auch ein Kraftakt. Wie kamen Sie von dem eher pragmatischen »kann ich selbst besser« zu dem Entschluss, ein erstes Buch über das Thema Zeit zu schreiben?
Es wurde mir damals irgendwann klar, dass das Phänomen Zeit nicht nur mein Thema, sondern auch meine persönliche Lebensmission werden wird.

Warum?

Ich weiß nicht, ob ich Anfang der 1980er-Jahre schon dafür gebrannt habe, aber das Thema kam einfach gut an. Ich habe dazu viele Seminare gegeben, die Nachfrage nach Folgeaufträgen war groß. Auch die Fragebögen, mit denen wir bei den Teilnehmern zu Beginn der Seminare die Erwartungen abgefragt haben, haben mir gezeigt: Das ist ein echtes Problem. Und es ist bis heute noch dramatischer geworden. Noch mehr Speed, noch mehr Fremdsteuerung, noch mehr Komplexität und noch mehr dieses 24-Stunden-Gesellschafts- beziehungsweise Always-on-Syndrom.

Das heißt aber immer noch nicht, dass das Thema Ihnen Spaß gemacht hat …

Es macht mir Spaß! Ich habe an der Bedürfnislage meiner Teilnehmer angesetzt und fand es eine spannende Herausforderung, dieses scheinbar langweilige, nach heutigen Erkenntnissen linkshirnige Thema lebendig zu transportieren.

Besetzen Sie eine Nische

Klaus J. Fink: »Nische heißt, auch mal Nein sagen können«

In dem katholischen Internat, das Klaus J. Fink besucht hat, gehörte karitatives Engagement zum guten Ton. Weil er sich dem nicht entziehen konnte, machte sich der 14-Jährige einen Sport daraus: Keiner der rund 4000 Schüler in Bonn sammelte mehr Geld für das Müttergenesungswerk als er. Nach der ersten Auszeichnung mit Pokal als Stadtsieger im Spendensammeln entwickelte er den Ehrgeiz, das Ergebnis im nächsten Jahr zu überbieten. »Nur Klappern reicht da nicht«, das hatte der jugendliche Rheinländer schon erkannt. Diese Jahre mit der Sammelbüchse auf der Straße waren seine Schule für das Vertriebsleben, seine »Grundausbildung«, wie er es selbst nennt. Klaus J. Fink blieb dem Thema Vertrieb treu, wurde Deutschlands Telefonmarketing-Experte Nummer eins und steht heute für

Neukundenakquise und Rekrutierung neuer Mitarbeiter, kurzum: Kontaktmanagement ist heute seine Profession.

Bereits im Jurastudium stieg Fink in die Telefonakquise ein, ursprünglich nur, um sein BAföG aufzupolieren. Er reagierte auf eine Anzeige, ohne das Bewusstsein, dass er sein Talent in diesem Bereich ja schon als Jugendlicher trainiert hatte. Der Nebenjob wurde in Windeseile zur Hauptsache. Das Geld und der Erfolg reizten ihn, auch wenn er in der Familie somit zum schwarzen Schaf wurde. Schließlich hängte er das Studium kurz vor dem Staatsexamen an den Nagel. Wieder war es der Wettkampf, der Fink antrieb. »Im Unterschied zum Studium der Juristerei, in dem man jahrelang nicht weiß, wo man steht, erhältst du im Vertrieb täglich ein Feedback. Wir wurden ausschließlich nach Leistung bezahlt und es gab jeden Abend eine sogenannte Rennliste, aus der hervorging, wer die meisten qualifizierten Termine vereinbart hatte«, erzählt der ehemals Zweitplatzierte der westdeutschen Meisterschaften im Judo. Seine Aufgabe gehörte zum Härtesten, was im Vertrieb damals möglich war: telefonische Kaltakquise für steuerbegünstigte Immobilien. »Meine persönliche Vorgabe lautete: 200 Wählversuche pro Tag.« Daran hielt er sich mit eiserner Disziplin. Die Mannschaft bestand aus 120 Leuten. Klaus J. Fink war mit Abstand der Beste.

Dass der Uni-Abbrecher zusätzlich zum sportlichen Ehrgeiz auch eine Leidenschaft für das Thema selbst entwickelte, verdankt er seinem ersten Schulungsleiter. Dieser Mann habe ihm den Unterschied zwischen einfach drauflosplappern und mit System ein Gespräch zum Abschluss führen gezeigt. »Er hat mich so neugierig gemacht, dass ich die Uni-Bibliothek durchforstet habe, um die Argumentationstechniken der Jesuiten nachzulesen. Eine gute Gesprächstechnik ist so spannend und faszinierend wie Schach. Der Dialog ist auf Augenhöhe. Welche Figur ziehe ich zur Gesprächseröffnung? Wann setze ich meinen König ein?« Und die Frage, die den sportlichen Wettkämpfer am Ende vor allem reizt, ist natürlich: Kriege ich den Kunden oder kriege ich ihn nicht?

Drei bis vier Jahre war Klaus J. Fink selbst am Telefon, dann wurde er gefragt, ob er sein Wissen nicht auch anderen zur Verfügung stellen wolle. Er baute Callcenter für verschiedene Vertriebsgesellschaften in der Kapitalanlagenbranche auf und schulte Mitarbeiter. Sein Weg in Richtung Training war damit vorgezeichnet.

Herrscher aller Reußen sind austauschbar

Wer so viel Ehrgeiz hat, macht sich fast zwangsläufig selbstständig. Auch Klaus J. Fink beging zunächst den Fehler, den viele Selbstständige zu Beginn ihrer Laufbahn machen: In dem Glauben, vielfältigere Angebote brächten mehr Umsatz, bot er neben Telefon- auch Rhetorik- und Bewerbungsschulungen an. So wie zum Beispiel Trainerkollege Oliver Geisselhart (siehe Kapitel 2), der, obwohl er das Thema Gedächtnistraining sozusagen von seinem Onkel geerbt hatte, anfangs auch zusätzlich Verkaufs- und Motivationstrainings anbot. Finks Schlüsselerlebnis war Anfang der 1990er-Jahre der Besuch eines Workshops zum Thema Engpasskonzentrierte Strategie (EKS)[23], zu deren Anhängern auch Lothar Seiwert gehört. In dieser Seminarwoche wurde ihm bewusst, dass er »als Herrscher aller Reußen« austauschbar war. »Nach EKS soll man sich ja auf das brennendste Problem einer Zielgruppe konzentrieren. In meinen Augen ist das im Vertrieb der Kundenzugangsweg. Wenn das einmal geschafft ist, ist es für alle leicht, Weltmeister zu sein. Sein Produkt beherrscht schließlich jeder Vertriebler«, so der Verkaufsexperte zum USP seiner Nische Telefonmarketing.

Der Trainer lernte, Nein zu sagen zu Anfragen, die nicht seiner Kernkompetenz entsprachen, und seine Fokussierung nahm Fahrt auf. Fink ist nach wie vor fasziniert davon, wie positiv sich eine eindeutige Positionierung auf die Preisgespräche mit den Kunden auswirkt. Wer breit aufgestellt sei, könne nur über den – in den Augen des Kunden besseren, in den eigenen Augen schlechteren – Preis einen Unterschied machen, denn die Konkurrenz sei groß. Wer sich über den Expertenstatus hinaus einen Nischenplatz erobert hat, »erlebt in der Akquise einen Sog, statt dass er Druck machen muss«. Aus Klaus J. Fink wird *der* Telefonakquise-Experte Deutschlands. Rund sieben Jahre konzentrierte er sich ausschließlich darauf.

Eine Nische im doppelten Sinn

Der Trainer und Speaker, der sein Büro in Bad Honnef manchmal drei Wochen lang nicht betritt, weil er mit Auswärtsterminen ausgebucht ist, besetzt – im Unterschied zu anderen Größen der Branche – gleich im doppelten Sinne eine Nische. Fink steht nicht nur für Telefonakquise, sondern ist auch bezüglich der Zielgruppe spitz aufgestellt. Seine Branche sind die Finanzdienstleister, also Banken, Versicherungen und die Immobilienbranche – die Branche, in der er selbst am Telefon begonnen hat.

Auch in seiner Zielgruppennische wurde es ihm irgendwann zu eng. Klaus J. Fink konnte eine Zeit lang der Versuchung nicht widerstehen, Aufträge in anderen Branchen anzunehmen, wie etwa in der Mineralöl-, Kohle- und Automobilindustrie. Seine Erfahrung entspricht exakt der von Seiwert. »Diesen Ausflug hätte ich mir sparen können«, gibt Fink offen zu. Das bringe zwar Erfahrung, aber um den Preis einer wesentlich höheren Vorbereitungszeit und rechne sich somit nicht. »In einer Branche, die du nicht kennst, machst du doch einen halben Tag eine Feldanalyse, um zu verstehen, was deren Probleme sind, bevor du loslegen kannst. Das entfällt in meinem Revier mittlerweile fast völlig.« Heute arbeitet der Spitzentrainer zu rund 85 Prozent in seiner Branchennische und investiert Marketing und PR ausschließlich dort. Wenn er auf Anfrage doch hin und wieder in einem anderen Bereich seine Kenntnisse weitergibt, dann weil ihm die Abwechslung Spaß macht.

Sein Thema Telefonakquise hat Klaus J. Fink Schritt für Schritt dem etwas größeren Bereich Neukundengewinnung untergeordnet. Der Verkaufscrack erkannte früh, dass die Kundengewinnung am Telefon im großen Stil der 1980er-Jahre keine Zukunft haben wird. Nicht zuletzt mit der gesetzlichen Verschärfung des unlauteren Wettbewerbs wurden dieser Form von Werbung enge Grenzen gesetzt. Das wichtigste Tool, Fink nennt es die »Speerspitze«, der Neukundengewinnung ist für ihn heute das Empfehlungsmarketing. Auch dieses Thema hatte sich der Trainer zunächst nicht bewusst ausgesucht. Fink arbeitete mit dem Guru des Empfehlungsmarketings, Josef Frommer, in einer gemeinsamen Firma zusammen. Der Partner starb überraschend, sein Thema war verwaist. »Empfehlungsmarketing und die Arbeit am Telefon ergänzen sich perfekt. Die Devise ist, sich nach einem erfolgreichen Verkaufsgespräch sofort aktiv neue Kontakte zu holen«, erklärt Fink den gedanklichen Bogen. Seine Kunden haben diesen Bogen mitvollzogen.

Gut getan hat diese Öffnung auch Finks Speaker-Engagements. Diese nehmen seit ein paar Jahren stetig zu. Fast die Hälfte seiner Zeit steht der druckreif formulierende Schnellsprecher heute als Keynote-Speaker auf großen Bühnen und plaudert aus dem Verkäufer-Nähkästchen. Der ehemalige Judo-Wettkämpfer würzt übrigens sowohl seine Bücher, wie *Topselling*, als auch seine Vorträge mit Erkenntnissen aus dem Spitzensport. So wie Athleten nicht an ihren körperlichen Fähigkeiten scheitern, sondern nur gewinnen können, wenn sie ihre mentalen Barrieren überwinden, können in seinen Augen beispielsweise auch Verkäufer nur erfolgreich sein, wenn sie es lernen, die Ablehnungen, die sie immer wieder erfahren, mental in einen Ansporn umzumünzen.

Dieser Wettkampfgedanke hat Klaus J. Fink viele Jahre ebenso angetrieben wie die verlockenden Incentives, etwa eine Reise nach Kenia, die er mit 24 Jahren für seine herausragenden telefonischen Verkaufsleistungen geschenkt bekam. Heute gilt sein Ehrgeiz darüber hinaus dem Ziel, so effektiv wie möglich zu arbeiten, um das Leben neben dem Job wirklich genießen zu können. 200 Trainingstage im Jahr kommen für Fink nicht mehr in den Kalender. Auch deshalb fällt es ihm mittlerweile leicht, der eigenen Nische treu zu bleiben. Die Reise-Incentives kann er sich schon lange selbst zum Geschenk machen.

Nur Klappern reicht nicht

Klaus J. Fink sitzt schon in der Hotellobby, als wir ankommen. Der Mann redet so schnell, dass wir zwei Mal das Aufnahmegerät überprüfen, ob es so viel Text überhaupt verarbeiten kann.

Susanne Petz/Gerd Kulhavy: Müttergenesungswerk, das ist ja nicht gerade eine Institution, die einem Jugendlichen ein echtes Anliegen ist. Was hat Sie motiviert, im Internat der beste Spendensammler für das Genesungswerk zu werden?
Klaus J. Fink: Nach dem ersten Erfolg, als ich im Rathaus geehrt worden war und mit Pokal nach Hause ging, kam der Ehrgeiz und ich habe gesagt: Ich mache das im nächsten Jahr wieder. Das war Sport.

Um der beste von 4000 Schülern zu sein, braucht man doch sicher einen Trick?
Nur Klappern hat nicht genügt, so kommen Sie nicht weiter. Der Bahnhof war mein Geheimrezept. Er war eine Goldgrube! Die Züge lieferten mir immer neues Material. Wenn sie gerade mit dem Zug angekommen sind und noch am Gleis stehen, gehe ich gezielt auf die Menschen zu. Am besten auf Reisende mit Koffer, die nicht so schnell weiterlaufen können … Und dann heißt es: gezielt in den Dialog zur Spende für diese Institution! So habe ich mit Abstand gewonnen. Zwischen dem Zweitplatzierten und mir lagen noch einmal 100 Prozent.

Und jeder hat etwas in die Büchse geworfen?
Ich wurde am Bahnhof in Bonn jeden Tag mindestens zweimal von der Bahnhofspolizei des Feldes verwiesen. Am anderen Eingang bin ich wieder hineingegangen. Das Thema Hartnäckigkeit habe ich damit inhaliert. Die Reaktionen der Angesprochenen spiegelten die ganze Bandbreite der Kaltakquise wider. Es wurden mir auch mal Schläge angedroht, aber ich habe auch Dankbarkeit für mein Engagement zu hören bekommen.

Haben Sie damals schon geahnt, dass Vertrieb und Verkauf später einmal Ihr berufliches Thema werden könnte?
Nein. Ich habe erst später verstanden, was es für meine persönliche Entwicklung bedeutete, den Leuten auf der Straße mit einer Sammelbüchse in der Hand das Geld aus der Tasche zu luchsen. Klick gemacht hat es zehn Jahre später im ersten Vertriebstraining,

als uns vermittelt wurde, wie man seine Hemmschwelle abbaut. Es ist ja gegen die Natur des Menschen, zu verkaufen und zu akquirieren. Wir Menschen wollen Zustimmung, Anerkennung und Bestätigung haben. Was tun wir nicht alles, um von unserer Umwelt Zustimmung zu erfahren. Ein Verkäufer bekommt immer mehr »Nein, brauche ich nicht« als »Ja«. Und daran straucheln sehr viele.

Lösen Sie für andere ein Problem

Marco von Münchhausen: »Das geht auch einfacher«

»Wer von Ihnen mag Zitronen?« Mit dieser Frage startet Marco von Münchhausen gern eines seiner zahlreichen Seminare. Das erste Mal vor vielen Jahren vor einer stattlichen Anzahl von Professoren der Rechtswissenschaft. Erfahrungsgemäß zwei Drittel der Anwesenden melden sich spontan ... und manche von ihnen bereuen es möglicherweise gleich wieder. Denn womit in dieser Situation kaum jemand rechnet: Alle, die sich gemeldet haben, bekommen aus einem großen Korb eine Zitrone angeboten. Sie werden aufgefordert, kräftig hineinzubeißen und sich die Zitrone so richtig schmecken zu lassen. Kaum einer ist bereit dazu. Denn alle wissen: Die Schale schmeckt bitter, in dieser Form sind Zitronen ungenießbar. Aber Münchhausen ist natürlich vorbereitet auf solche Einwände und hat vorgesorgt: Er holt also eine Zitronenpresse hervor, sammelt die Zitronen wieder ein, presst sie aus und füllt den Saft in Gläser. Der Einladung, die Zitronen in purer Saftform zu genießen, kommt meist ein Viertel der Teilnehmer, die sich zuvor als Zitronenliebhaber geoutet haben, nach. Der Rest bleibt skeptisch und lehnt ab: zu sauer. Aber auch diesen Einwand weiß Münchhausen zu kontern: Der Saft kommt in einen Shaker und unter Zugabe von Wasser und Zucker wird aus dem Konzentrat genießbare süßsaure Limonade, die dann jeder gern annimmt.

Die meisten Seminarteilnehmer stellten sich während dieser Prozedur die Frage: Was soll das Ganze? Es ist *eine* der Methoden Münchhausens, auf ungewöhnliche und bildhafte Weise anderen zu helfen, ein Problem zu lösen. Den Jura-Dozenten wollte er damit deutlich machen, wie man abstraktes Wissen verständlich vermittelt. Denn das ist – zumindest im Bereich der Lehre – das tägliche Brot der Rechtsprofessoren: Kaum eine Materie ist trockener und abstrakter als das, was Jurastudenten lernen müssen. In einem ersten Schritt geht es Münchhausen darum, die schier unüberschaubare Wissensfülle auf den Punkt zu bringen, um dann – um im Bild zu bleiben – das Wesentliche herauszupressen. Doch der Extrakt ist für die meisten immer noch zu abstrakt, kaum verständlich und deshalb nach wie vor »ungenießbar«. Gerade deshalb ist dem Speaker der zweite Schritt so wichtig: das Wesentliche mittels Bildern, Geschichten, Interaktion und Humor unterhaltsam zu vermitteln – und das ist dann die Kunst, aus dem Jura-Extrakt »Limonade« zu bereiten, also etwas, das man mag, womit man sich gern beschäftigt. Wer das als Professor kann, wird seine Studenten begeistern. Wer das als Redner so kann wie Marco von Münchhausen, wird seine Zuhörer fesseln.

Vom juristischen Stoff zum abstrakten Gemälde

Noch vor dem ersten Staatsexamen fing Münchhausen an, seinen Kommilitonen den Stoff, den er selbst lernen musste, zu vermitteln. Anfangs noch kostenlos, denn was ihn antrieb, war zu überprüfen, ob er selbst das Gelernte auch wirklich intus hatte. Die Erfahrung, dass sich das eigene Wissen verfestigt, wenn man es weitergibt, hatte er schon in der Schulzeit gemacht, als er Schülern aus den unteren Klassen Nachhilfe in Mathe und Physik gab. Mit dem Einstieg als Repetitor hatte der in Deutschland und Italien aufgewachsene Jurist dann die ersten Stufen auf dem Weg zur Bühne schon genommen. Vorträge gehörten fortan zu seiner täglichen Praxis. 1985 gründete Münchhausen mit einem Kollegen zusammen sein eigenes Repetitorium, das in seiner Blütezeit Filialen in zehn Städten hatte. Dabei ging es Münchhausen schon in seiner Zeit als Repetitor nicht nur um den juristischen Stoff: »Mein Anliegen war auch bei den Studenten schon, ihnen gleichzeitig zu zeigen, wie sie sich überwinden, zu lernen und an einer Sache dranzubleiben, und wie sie mit unvermeidbaren Niederlagen umgehen können.« Später wurde er Verleger von Lernkarteikarten, die den Prüfungsstoff auf den Punkt brachten und diesen strukturiert und anschaulich darstellten. Das sah auf den ersten Blick oft gar nicht mehr wie Jura aus, sondern eher wie abstrakte Gemälde – aber es funktionierte.

Dieses Anliegen, diese Fähigkeit ziehen sich wie ein roter Faden durch Münchhausens Leben: Es macht ihm Spaß, anderen zu helfen, ein Problem zu lösen, indem er ihnen das Wesentliche unterhaltsam präsentiert. Er hat sich zum Ziel gesetzt, seinem Publikum das Leben leichter zu machen. Der konkrete Bereich, um den es ihm dabei geht, hat sich im Laufe der Zeit immer wieder geändert. Dem Anspruch, dass es leicht zu nehmen und vor allem leicht umzusetzen sein soll, blieb und bleibt er treu. Auch wenn die Zielgruppe sich im Laufe der Jahre wandelte: Stets suchte und sucht er nach neuen Wegen, das Leben für andere einfacher und erfüllter zu gestalten. Zunächst in Seminaren zu den Themen Work-Life-Balance, Stressmanagement, Selbstmotivation und Aktivierung innerer Ressourcen, bald darauf auch in Büchern zu diesen Themen. Etliche wurden zu Bestsellern, wie beispielsweise *So zähmen Sie Ihren inneren Schweinehund* und *Wo die Seele auftankt* – vielleicht weil es ihm auch hier gelang, die wesentlichen Probleme der Leser anzusprechen und auf anschauliche Weise zu lösen. In der Figur des inneren Schweinehundes hat Münchhausen letztlich eine – wie er selbst sagt – »uralte psychologische Thematik unseres menschlichen Daseins« aufgegriffen: den Umgang mit inneren Widerständen. Münchhausen hält in der Figur des inneren Schweinehundes dem Leser den Spiegel vor und verhilft ihm auf unterhaltsame Art und Weise zu Selbsterkenntnis, ohne dabei zu belehren. Die Bandbreite seiner Zielgruppe ist entsprechend groß. Mit seinen Vorträgen erreicht der Trainer und Speaker beispielsweise die Teilnehmer der jährlichen Vertriebstagung einer Bank ebenso spielend wie das Publikum einer Konferenz zur betrieblichen Gesundheitsförderung.

Doch lassen Sie uns genauer hinschauen, wie Münchhausen es angeht, Probleme für andere zu lösen, sei dies nun in seinen Büchern, Vorträgen oder Seminaren. Zunächst: Es gibt für ihn keine Patentrezepte. Immer wieder lädt er seine Leser und Teilnehmer ein, seine Strategien und Empfehlungen als ein »psychologisches Buffet« anzusehen. »Bei einem Buffet gehen Sie ja schließlich auch nicht hin und räumen alles ab, was der Gastgeber aufgetischt hat, sondern nehmen nur das, was Ihnen jetzt gerade schmeckt, übertragen heißt das, was momentan zu Ihren Bedürfnissen und zu Ihrer persönlichen Situation passt. Was für den einen gut ist, bewirkt beim Nächsten vielleicht gar nichts.« Es sei besser, man übernehme nur ein oder zwei wesentliche Punkte, und schaffe es, diese in seinem Alltag umzusetzen, als zu vielen neuen Erkenntnissen zu kommen – und am Ende doch wieder alles beim Alten zu belassen.

Der erste Schritt, etwas in den Griff zu bekommen

Beim Thema »innerer Schweinehund« liegt Münchhausens Fokus vor allem auf der Vermittlung. Es findet es wichtig, den inneren Schweinehund nicht zu bekämpfen, sondern mit ihm leben zu lernen. »Die meisten wollen das Problem sofort beseitigen, wie einen Schnupfen, den man loswerden will. Doch darum geht es gar nicht. Es geht darum, den inneren Schweinehund zu erkennen und anzunehmen, sich mit ihm zu arrangieren«, erklärt Münchhausen. Dabei könne es helfen, sich zunächst einfach nur selbst zu beobachten. »Das ist der erste Schritt, um etwas in den Griff zu bekommen. Zum Beispiel zu beobachten, wie ich immer wieder in Stress komme, wie ich die Fassung verliere. Wenn sich die Wahrnehmung verändert, ist die Chance groß, dass sich auch im Alltag etwas verändert.« Indem wir unsere eigenen Verhaltensmuster erkennen, so seine Devise, können wir sie auch entmachten.

Freilich: Die Umsetzung solcher Vorhaben gehört erfahrungsgemäß zu den schwierigeren Dingen. Immer wieder gibt Münchhausen deshalb Hilfestellungen, wie man Veränderungen gemeinsam mit seinem inneren Schweinehund angehen und verwirklichen kann. Und zwar nicht auf perfekte, sondern auf menschliche Weise.

Seine Skepsis gegenüber Patentrezepten spiegelt sich auch in einem anderen Aspekt wider: Münchhausen hat keine Methode entwickelt, die er seinen Zuhörern verkaufen will, es gibt keine Standardlösungen, die jeder serviert bekommt. Wie aus einem Modulbaukasten mit vielen Problemlösungsbausteinen setzt er jeden Vortrag und jedes Seminar nach intensiven Vorgesprächen individuell zusammen. »Das ist gerade die besondere Herausforderung: Jedes Mal die Bedürfnisse und besonderen Probleme meiner Zuhörer zu analysieren und ihnen dann passgenau Tipps geben zu können, die ihnen das Leben ein bisschen leichter machen«, erklärt der Trainer. Dabei kann es – wenn es denn passt – auch mal philosophischer werden. In seinem Buch *Wo die Seele auftankt* schlägt er zum Beispiel vor, sich selbst eine »Zeit des Seins« statt der überhandnehmenden »Zeit des Tuns« zu gönnen. Und auch hier steht für ihn im Vordergrund, aus den komplexen und abstrakten Erkenntnissen einfache Geschichten zu machen, die im Alltag umsetzbar sind. »Das ist wie bei einem Bergsteiger, der in die Steilwand geht, weil er die Herausforderung liebt. Meine Steilwand ist ein komplexer, abstrakter Stoff. Sie können mich nachts um 4 Uhr wecken mit einem schwierigen Stoff und sagen: Morgen musst du das 400 Leuten erklären. Da springt alles in mir an.«

Trotz aller Vorbereitung und Struktur bleibt aber immer ausreichend Raum für Spontaneität: »Es kommt vor, dass ich mit einem festen Plan in den Vortrag oder ins Seminar gehe und in den ersten Minuten merke, dass die Teilnehmer aktuell andere Probleme haben. Dann gehe ich natürlich darauf ein und schmeiße auch mal mein ganzes Konzept um, wenn die Situation dies erfordert.« Nur den Einstieg mit den Zitronen, den hat Münchhausen noch nie gestrichen, wenn er geplant war. Kein Wunder: Was macht man schon mit zwei Kilo Zitronen, die beim Veranstalter bestellt waren ...

Von innen heraus arbeiten

Mit Marco von Münchhausen mittags im Café Reitschule in München. Wir blicken beim Essen auf die Pferde in der Halle, aber dieses schöne Ambiente genießen – gefühlt – außer uns auch mindestens zehn Babys mit ihren Müttern.

Susanne Petz/Gerd Kulhavy: Sie waren erst Jurist und Repetitor und wurden dann Buchautor und Speaker. Wie haben Sie Ihre Positionierung in Ihrem zweiten Beruf erarbeitet?
Marco von Münchhausen: Ich bin sehr skeptisch in Bezug auf Karriereplanung. Das Leben lässt sich nicht planen und in einen Plan pressen. Wir sollten viel offener dafür sein, dass sich das Leben entfaltet. Es ist ganz gut, eine Etappe festzulegen. Aber ich kann nicht vorhersehen, wem ich begegne und welche Möglichkeiten sich dadurch ergeben. Das könnten doch richtungsweisende Erlebnisse sein, die bei einer zu strikten Karriereplanung gar nicht zum Tragen kommen.

Haben Sie schon immer so gedacht?
Nein, ich habe früher auch versucht, mein Leben zu planen. Ich habe nicht nur Jahrespläne, sondern sogar einige Zehnjahrespläne gemacht. Das war wie ein Korsett. Ich glaube nicht, dass das für die Menschen, mit denen ich damals zu tun hatte, sehr angenehm war. Ich war sehr in meinen Konzepten gefangen, sehr gnadenlos – auch mit mir selbst. Heute will ich mich nicht mehr in ein solches Korsett zwängen, sondern offener sein.

Ist Ihr Bestseller vom inneren Schweinehund ganz ohne Plan entstanden?
In Seminaren habe ich zum Thema Selbstüberwindung mit dem Bild des Schweinehundes gearbeitet und gemerkt, dass das eine interessante Metapher ist. Irgendwann am Ende eines Gespräches in einem Restaurant mit der damaligen Programmleiterin des Campus-Verlages über ganz andere Themen sagte ich aus einer Laune heraus: Ich schreibe vielleicht mal ein Buch über den inneren Schweinehund. Und Sie antwortete sofort: Stopp! Das will ich haben. Wir setzten uns tatsächlich noch einmal hin, und als wir eine Stunde später das Lokal verließen, war das Buch in Grundzügen schon konzipiert.

Hatten Sie von vornherein das Gefühl, dass das ein großer Erfolg wer-
den würde?
Geplant habe ich das zumindest nicht – allenfalls gehofft. Dennoch musste ich mich zum Schreiben richtig durchringen. Dabei
war ich direkt im Thema, über die inneren Widerstände sehr pra-
xisnah zu schreiben. Natürlich habe ich mich dann über den Erfolg
sehr gefreut. Wobei Erfolg heute für mich einfach bedeutet: an
den Themen dranbleiben, die einen selbst wirklich antreiben.

Der Leitfaden für Ihr Profil

Machen Sie sich einen Namen

➤ Welchem Thema gehört Ihre Leidenschaft?

Meine Umsetzung:

_____

_____

➤ Positionieren Sie sich mit Vorträgen und Büchern.

Meine Umsetzung:

_____

_____

➤ Nehmen Sie Stellung, wenn Ihr Thema (in den Medien) diskutiert wird.

Meine Umsetzung:

_____

_____

➤ Gehen Sie aktiv auf Journalisten, Kollegen, Kunden und Organisationen zu, die sich mit Ihrem Thema beschäftigen.

Meine Umsetzung:

_____

_____

➤ Suchen Sie Kooperationen mit Kollegen, Kunden und Organisationen, die auch an Ihrem Thema arbeiten.

Meine Umsetzung:

_____

_____

➤ Entwickeln Sie Ihr Thema weiter, statt immer wieder ein neues Thema zu besetzen.

Meine Umsetzung:

_____

_____

Besetzen Sie eine Nische

➤ Für welches Thema und welcher Branche haben Sie sich Expertenwissen erarbeitet?

Meine Umsetzung:

_____

_____

➤ Welche Ihrer Tätigkeiten/Fähigkeiten bringt Ihren Kunden den größten Nutzen?

Meine Umsetzung:

_____

_____

> ➤ Für welche Branche ist dieser Nutzen die Lösung ihres drängendsten Problems?

Meine Umsetzung:

_____

_____

> ➤ In welcher Branche haben Sie die meisten Erfahrungen und Kontakte?

Meine Umsetzung:

_____

_____

> ➤ Bleiben Sie Ihrer Nische treu.

Meine Umsetzung:

_____

_____

Lösen Sie für andere ein Problem

> ➤ Was gelingt Ihnen leichter als anderen?

Meine Umsetzung:

_____

_____

➤ In welchen Lebens- und/oder Arbeitsbereichen ist diese Fähigkeit von hohem Nutzen?

Meine Umsetzung:

_____

_____

➤ Welche Zielgruppe/Branche benötigt diese Unterstützung am dringendsten?

Meine Umsetzung:

_____

_____

➤ Welche Zielgruppe hat diesen Bedarf selbst schon erkannt?

Meine Umsetzung:

_____

_____

➤ Variieren Sie eher die Zielgruppe, als aufzugeben, was Ihnen mit Leichtigkeit gelingt.

Meine Umsetzung:

_____

_____

2 Performance: Inszenieren Sie sich

Information allein kann kein Ziel sein

Unser aller Zeit wird immer knapper, zumindest fühlen wir so. Wir sind permanent im Einsatz und haben trotzdem nie das Gefühl, alles erledigt, alles gelesen, alles beantwortet, alles getan zu haben. Fast die Hälfte der Erwerbstätigen in Deutschland arbeitet auch an den Wochenenden, Feiertagen oder nachts, heißt es im Februar 2012 in einer Antwort der Bundesregierung auf eine kleine Bundestags-Anfrage.[24] Eine Umfrage unter Fach- und Führungskräften ergab: Über die Hälfte der Freiberufler und Geschäftsführer investiert bis zu drei Samstage monatlich in den Beruf.[25] Das Hamsterrad dreht sich immer schneller, die Anforderungen, die andere oder wir selbst an uns stellen – ob selbstständig oder angestellt – steigen stetig. Das ist Teil der Great Transformation der Dienstleistungs- und Informationsgesellschaft: die ständige Verfügbarkeit von Menschen und Informationen.

Haben Sie Mut zur Lücke?

Die Kunst besteht in der Prioritätensetzung, sowohl bei den Informationen, die Sie aufnehmen, als auch bei denen, die Sie abgeben. Viele Menschen klagen über eine Nachrichtenüberflutung. Führungskräfte leiden unter der Komplexität der Informationen, die täglich auf sie einströmen. Gleichzeitig herrscht in Meetings oft gähnende Langeweile. Sicher haben Sie sich auch schon einmal dabei ertappt, wie Sie Ihren Laptop oder Ihr Handy leise auf- und die Ohren zugeklappt haben, während der Abteilungsleiter PowerPoint-Folien vorlas, ein Kunde oder Kollege von Dingen sprach, von denen

Sie sich überhaupt nicht angesprochen fühlten? Nach einer Studie einer Londoner Werbeagentur aus dem Jahr 2009 sitzen Manager durchschnittlich 19 Wochenstunden in Meetings. Nicht selten mit dem Gefühl, dass dies verschenkte Zeit ist.

Und was tun Sie, wenn Sie selbst vorn stehen und den Ton angeben? Kann umfassende Information wirklich ein Ziel sein, wenn Sie etwas präsentieren und Aufmerksamkeit erregen wollen? Egal ob Sie Trainer sind, Mitarbeiter eines Unternehmens oder selbstständiger Dienstleister – wir meinen: Nein. Sie müssen Prioritäten setzen. Sobald Sie sich persönlich für einen Inhalt starkmachen, geht es nicht mehr um Vollständigkeit, sondern um Ihre persönliche Haltung, um das, wofür Sie stehen. Im wörtlichen Sinne als Vortragender auf der Bühne oder vor den Kollegen sowie im übertragenen Sinne. Es geht also um das, wofür Sie im Leben stehen. Dies ist das allerbeste Raster, durch das Sie Ihre Informationen schütteln sollten, bis nur noch übrig bleibt, was Ihnen wirklich entspricht. Der Lohn wird sein: Sie bekommen die volle Aufmerksamkeit.

Haltung und Bewertung sind Trümpfe

Wie viel persönliche Haltung gestatten Sie sich?

»Die Glaubwürdigkeit entsteht viel mehr als durch Zahlen durch eine gescheite bewertende und motivierende Botschaft«[26], empfiehlt Minita von Gagern, die ehemalige Präsidentin des Verbands der Redenschreiber deutscher Sprache (VRdS), den Konzernchefs, die ihren Auftritt zur Hauptversammlung vorbereiten. Das entscheidende Wörtchen ist hier in unseren Augen »bewertend«. Selbstverständlich erwarten wir von einer Rede, dass sie fundiert recherchiert und fachlich korrekt ist. Aber wir wünschen uns darüber hinaus eine Bewertung.

Ihre innere Haltung ist das, was Ihre Zuhörer überzeugt. Die Information allein kann kein Grund sein, dass ein Gast heute einen Vortrag besucht, ein Mitarbeiter oder ein Kunde Ihnen wirklich zuhört. Schließlich könnte derjenige über die unterschiedlichen Medien doch schneller und umfassender alle relevanten Aspekte eines Themas in Erfahrung bringen. Wollen Sie lediglich informieren, dann sparen Sie sich den Aufwand, Ihren Mund zu bewegen, und nutzen Sie Papier oder E-Mail. Sobald Sie von Angesicht zu Angesicht mit anderen Menschen kommunizieren, egal ob es einer ist oder 1000 – Ihre innere Haltung wird sich mitteilen. Und zwar unabhängig davon, ob Sie das wollen oder nicht. Friedrich Nietzsche wird das Zitat zugeschrieben: »Man lügt wohl mit dem Munde; aber mit dem Maule, das man dabei macht, sagt man doch die Wahrheit.« Der Körper als »Bühne der Gefühle«[27] verrät jeden, der eine Aussage tätigt, hinter der er nicht steht. Unsere Mimik, Gestik und Körperhaltung sind starke nonverbale Signale, die in ihrer Gesamtheit mehr von unserer ehrlichen Meinung erzählen als Worte. Diese Botschaften kommen an, auch wenn sie oft nur unbewusst wahrgenommen werden – und sie wirken!

Beziehen Sie Stellung oder verstecken Sie sich lieber?

Warum also nicht gleich aktiv an der Haltung arbeiten und nicht nur am Inhalt, wenn Sie reden dürfen, wollen oder müssen? Schaffen Sie für Ihr Publikum einen Mehrwert, indem Sie das Thema bewerten und klar Stellung beziehen. Verstecken Sie sich nicht hinter einer Kolonne von Spiegelstrichen und uferlosen Fakten. Schon die Vorstellung an einen derartigen Vortrag erhöht die Gähnfrequenz und senkt die Stimmung, sowohl beim Speaker (wenn Sie ehrlich mit sich sind) als auch bei den Zuhörern. Beziehen Sie Stellung und erzählen Sie Ihrem Auditorium, *warum* Ihnen dieses eine Thema heute so wichtig ist.

Zur Verdeutlichung ein kleiner Exkurs: Angenommen, Sie unterhalten sich mit einem Kollegen am Kaffeeautomaten über den letzten Urlaub. Reihen Sie dann Fakten über Land und Leute, das Hotel und die Wirtschaftskraft der Region aneinander? Oder erzählen Sie über Ihre persönlichen Eindrücke und schwärmen zum Beispiel vom atemberaubenden Ausblick aus der Sauna hoch über den Klippen oder von dem Tauchgang, bei dem Sie zum ersten Mal einen Schwarm kleiner Clownfische in einer Grotte gesehen haben? Warum also betrachten Sie nicht jede Aufforderung, sich in einer Rede zu äußern, wie die Frage nach Ihrem letzten Urlaub, und antworten ganz persönlich? Michael Rossié, der als Kommunikationstrainer viele Speaker coacht, fragt sich immer wieder: »Warum nur meinen viele Redner, sie dürften nicht sie selbst sein, sobald sie auf der Bühne stehen?«[28]

Was ist Ihr persönliches Anliegen?

Nehmen Sie sich diese Freiheit. Gestatten Sie sich die Frage, ob Ihnen ein Thema wirklich ein persönliches Anliegen ist. Aus unserer Berufspraxis wissen wir, dass viele Menschen, die einen Vortrag vorbereiten, mit dem Inhalt anfangen. Unser Rat lautet: Fangen Sie lieber bei sich selbst an. Warum setzen Sie sich für das anstehende Thema ein, warum ist es Ihnen persönlich wichtig? Welcher Aspekt genau ist ihnen wichtig? Haben Sie sich das Sujet nicht selbst ausgesucht, versuchen Sie zu ergründen, welchen Zielen und Haltungen aus Ihrem individuellen Köfferchen mit Werten es entspricht.

Viele Menschen leisten sich Fragen wie diese nicht, weil sie Angst vor den Antworten haben. Doch mit dieser Vogel-Strauß-Politik hat auf lange Sicht niemand Erfolg. Wie wollen Sie jemand anderen von

Bewusstsein über die eigenen Motive macht stark

einer Sache überzeugen, die Sie selbst nicht überzeugt? Und egal wie groß die Diskrepanz ist, die Sie bei der Beantwortung zwischen sich und der Unternehmensstrategie möglicherweise ausgemacht haben, mindestens *ein* Aspekt findet sich fast immer, der auch zur eigenen Arbeitsmotivation passt. (Wenn Sie wirklich gar nichts finden, sollten Sie sich fragen, was Sie tun können, um wieder Ihr volles Potenzial zu entfalten.) Sobald Sie dieses eine Motiv benennen können, das Ihnen wirklich Ihren persönlichen Einsatz wert erscheint, wird es wie ein Verstärker wirken. Das Thema wird plötzlich eine andere Dimension bekommen und Ihre Worte werden persönlich und kraftvoll aufgeladen. Sie wirken authentisch.

Gleichzeitig hilft Ihnen diese Erkenntnis bei der Konzentration auf das Wesentliche, bei der Prioritätensetzung in Zeiten der Informationsüberflutung. Das Ziel ist auf der Inhaltsebene: eine einzige Kernbotschaft, unter die Sie alle anderen Punkte subsumieren dürfen. Von Informationen, die nicht unter diese freiwillige Selbsteinschränkung fallen, können Sie sich – jedenfalls für diesen einen Vortrag – beherzt trennen. Wenn dies für Sie kaum auszuhalten ist, nennen Sie solche Aspekte doch einfach im Handout.

Ein Fünf-Gänge-Menü essen Sie doch auch nicht in einer Pommesbude ...

Diese Vorarbeit ist die beste Grundlage für eine perfekte Inszenierung. Aufmerksamkeit ist in unserer Welt zu einem knappen Gut geworden. Ohne Inszenierung, so auch die Erkenntnis des Human-Brand-Experten Jon Christoph Berndt, werden Sie keine Beachtung finden.[29] Wir müssen nicht darüber diskutieren, ob die viel zitierte Annahme richtig ist, dass Text und Inhalt einer Rede nur zu 7 Prozent bei der Übermittlung einer Botschaft Gewicht haben, gegenüber 38 Prozent für den Tonfall und 55 Prozent für die Körpersprache.[30] Sicher mag es auch seine Relevanz haben, wenn das Institut für Demoskopie Allensbach in Kooperation mit der Johannes-Gutenberg-Universität Mainz in einer Studie aus dem Jahr 2006 feststellt, dass ein smartes Auftreten allein nicht genügt, um zu überzeugen.[31] In einem Versuch mit 2000 Probanden fanden diese Forscher heraus, dass dem Auftritt eines Redners, seiner Performance und seiner Körpersprache immerhin ein gewisser Stellenwert einzuräumen sei. Dieser nehme jedoch umso weniger Raum ein, je fundierter eine Rede sei.

Wir wagen das zu bezweifeln. Oliver Geisselhart bringt dazu am Ende dieses Kapitels einen sehr schönen Vergleich: Stellen Sie sich vor, Sie gehen richtig gut essen. Natürlich muss die Qualität des Essens perfekt sein – so wie auch der Inhalt einer guten Rede. Doch würden Sie das erstklassige Menü in einer Pommesbude wirklich mit genauso viel Genuss verzehren? Oder gehören nicht doch auch ein schön eingedeckter Tisch, feine Gläser, ein Raum mit Atmosphäre und ausgesuchtem Service dazu? So verhält es sich unserer Meinung nach auch mit dem Verhältnis zwischen Leistung und Performance sowie mit dem zwischen Inhalt und Inszenierung.

Wir verstehen unter Inszenierung sowohl die Aufbereitung des Inhalts samt Dramaturgie Ihrer Rede als auch Ihr äußeres Erscheinungsbild, also die Gesamtkomposition Ihres Auftritts. Nachdem hierzulande zunächst viel über die als amerikanisch empfundene **Auch eine Zigarre kann eine Aussage sein** Art des Auftretens in Wahlkämpfen gelästert wurde, war es dann die deutsche Politik, die uns erleben ließ, dass die Überzeugungskraft einer Personenmarke vom Gesamtbild beeinflusst wird – positiv wie negativ. Natürlich stellen wir uns jemanden, der für soziale Gerechtigkeit streitet, nicht mit dicker Zigarre im Mundwinkel und im Brioni-Anzug vor, wie etwa Gerhard Schröder dereinst. Und was trauen Sie Heiner Geißler zu, der auch im hohen Alter noch Fallschirmsprünge gemacht hat? Was denken Sie über Joschka Fischer, seitdem Sie seine beeindruckende Metamorphose vom Genussmenschen zum asketischen Marathonläufer und umgekehrt miterlebt haben? Das alles sind Beispiele für die Wirkung von Argumenten, die mit Politik in erster Linie nichts zu tun haben.

Wie überzeugend wirkt vornehme Zurückhaltung?

Auch in der deutschen Wirtschaft ist das Diktat der Seriosität im dunklen Anzug mittlerweile aufgebrochen. Der graue, als Mensch unsichtbare Manager ist zum Negativbild geworden. Frank Dopheide, ehemals Chairman von Grey, der zweitgrößten Werbeagentur in Deutschland, der nun in der Deutsche Markenarbeit GmbH Unternehmenslenker zu Marken aufbaut, meint: Die Manager »haben kein Qualitätsproblem, sondern ein Imageproblem. Die meisten pflegen ganz bewusst eine vornehme Zurückhaltung. Das funktioniert aber nicht mehr. Der Vorstandschef kann heute kein No-Name-Produkt sein. Er muss sich zum Markenartikel seines Unternehmens machen.«[32] Amerika, allen voran Steve Jobs, hat uns gezeigt, wie stark ein einzelner Mensch ein gesamtes Unternehmen verkörpern kann.

Inzwischen ist diese Erkenntnis auch in Europa angekommen. 2005 führte die weltweit aktive PR- und Kommunikationsagentur Burson-Marsteller eine Studie[33] durch, die eine Korrelation zwischen dem Ansehen des CEO (Chief Executive Officer, dt. Vorstandsvorsitzender) und dem Aktienkurs aufzeigt: Steigt der Reputationswert eines Managers, so erhöht sich der Börsenwert des Unternehmens. Zusätzlich gaben 80 Prozent der Befragten an, die Reputation des Vorstandsvorsitzenden wirke mindestens zu 50 Prozent am Ansehen der Firma mit – sowohl in den Augen der Verbraucher als auch in denen der Angestellten und Investoren. Damit ist klar: Ein Unternehmen wird nicht nur an seinen Produkten und Leistungen gemessen. Glaubwürdigkeit wird maßgeblich über dessen führende Köpfe hergestellt.

Das Image des Firmenchefs beeinflusst den Börsenwert

Ein positives Beispiel dafür ist die Linde AG. Der Aktienkurs des weltgrößten Herstellers von Wasserstoffanlagen lag 2005 bei 30 Euro. Danach nahm der charismatische Wolfgang Reitzle auf dem Chefsessel des Unternehmens Platz und wird in den Medien unter anderem mit seinem eleganten Lebenswandel, dem adretten Bärtchen und seiner charmanten Ehefrau, Star-Moderatorin Nina Ruge, wahrgenommen. Seitdem der promovierte Ingenieur bei Linde am Ruder ist, kletterten die Wertpapiere zeitweilig auf über 120 Euro pro Stück.

Einer der Firmenlenker, der hierzulande derzeit den glaubwürdigsten Gesamteindruck vermittelt, ist Franz Fehrenbach. Der Wirtschaftsingenieur und Vorsitzende der Geschäftsführung der Robert Bosch GmbH spricht lieber über Nachhaltigkeit und grüne Revolution als über Kühlschränke und Bohrmaschinen. Das tun derzeit ja viele. Aber der gebürtige Badener beweist, dass es ihm damit ernst ist. Für seinen Umbau des Traditionshauses zu einem ökologischen Unternehmen, bei dem er in Kauf nahm, dass der Konzern mit manchen Projekten erst langfristig Geld verdient, wurde er von der Zeitschrift *Capital* als Greentech-Manager des Jahres 2011 ausgezeichnet. Das kommt auch bei den Kunden gut an: Bosch meldete im Januar 2012 ein Umsatzplus von fast 9 Prozent, die höchste Steigerung seit dem Jahr 2000.[34] Oder mit den Worten der Burson-Marsteller-Studie gesprochen:

> »It is clear from the results obtained that there is a distinct connection between a company's reputation and that of its CEO. (…) A CEO with a good reputation represents valuable corporate capital for a number of different reasons (…). When this is the case, people are more likely to believe the company when it comes under pressure, recommend it as an employer and continue to trust it even if its share price falls«[35]

Die Zeiten, da Vorstandsvorsitzende nur einmal im Jahr zur Bilanzpressekonferenz erschienen, sind vorbei. Inzwischen stehen die führenden Köpfe eines Unternehmens mit ihrer ganzen Persönlichkeit für die Unternehmensmarke ein. Selbst Mittelständler wie Trigema-Chef Wolfgang Grupp oder Seitenbacher-Müsli-Erfinder Willi Pfannenschwarz sehen das als Chance und nutzen ihre Persönlichkeit, manchmal auch nur ihre Stimme, für den Firmenauftritt.

Erika Fischer-Lichte zog bereits in den 1990er-Jahren eine Parallele zwischen der Theaterdramaturgie und der Inszenierung anderer nicht künstlerischer Anlässe. So folgen beispielsweise eine Bundestagsdebatte, ein Gottesdienst und selbst ein Boxkampf klar festgelegten Regeln, nach denen diese, ähnlich einem Bühnenwerk, verstanden und analysiert werden können.

Alle Zeichen erzeugen Bedeutung

»Theater erfüllt seine allgemeine Funktion, Bedeutung zu erzeugen, nicht nur unter ganz spezifischen Bedingungen (…), sondern auch (…) auf der Grundlage eines besonderen, nur ihm eigenen Codes«[36], stellt die heutige Senior-Professorin der FU Berlin und Direktorin des Internationalen Forschungskollegs Interweaving Performance Cultures, fest. Im

Kern geht es um die Erkenntnis, dass alle Zeichen auf einer Bühne – vom Kostüm über das Bühnenbild, die Beleuchtung, den Ton und die Requisite bis hin zur Gestik und Mimik des Darstellers – dem Gesamteindruck unterstellt sein müssen. Andernfalls könne vom Zuschauer die zentrale Aussage nicht verstanden werden.

Inszenierung ist mehr als nur Verpackung

Fällt ein Teilaspekt aus diesem Gesamtwerk heraus, wirkt das auf das Publikum mindestens irritierend, wenn nicht gar entlarvend. Entlarvend, weil es manchmal nur ein winziges Detail ist, durch das sich die wahre Haltung des Protagonisten verrät. Insofern ist die äußere Inszenierung auch niemals *nur* die Verpackung. Keine Hülle kann – sofern sie von Menschen getragen wird – dauerhaft so perfekt sein, dass die wahre Haltung nicht irgendwann durchschimmert. Das kann ein Wort sein, wie die »Peanuts« 1994 von Hilmar Kopper im Zusammenhang mit den 50 Millionen D-Mark der Schneider-Pleite, oder eine Geste, wie das Victory-Zeichen von Josef Ackermann im Mannesmann-Prozess 2004. Mit einem solchen falschen Teil im Puzzle wird es dann für lange Zeit schwer, einen authentischen Gesamteindruck zu erzeugen.

Das Bild, das die meisten Menschen von führenden Wirtschaftslenkern haben, setzt sich in der Regel überwiegend aus diesem Gesamteindruck der Inszenierung zusammen. Wir speichern Äußerlichkeiten der Auftritte ab, bildhafte Sekundeneindrücke. Dies sind die Antennen, die unsere Aufmerksamkeit ausrichten. Sie sorgen dafür, ob und wie wir jemandem wahrnehmen, beurteilen und wie ernst wir ihn nehmen. Der andere Teil der Inszenierung ist die Rede selbst. Schafft es der Redner, dass wir ihm zuhören? Auch hier ist es nicht allein eine Frage der Qualität der Informationen, ob wir an seinen Lippen kleben, sondern eine Frage der Verpackung, der Performance.

Diese ist manchmal natürlich auch von der Tagesform abhängig. Auch bei Profis wie Josef Ackermann. Vor einigen Jahren baute sich der damalige Vorstandsvorsitzende der Deutschen Bank vor dem Banner »Leistung aus Leidenschaft« auf, lieferte aber in der Manier eines farblosen Finanzbeamten (alle Finanzbeamten mögen diesen Vergleich verzeihen) seinen Jahresbericht ab – monoton und so gar nicht leidenschaftlich. Lediglich die Leistung aus dem Slogan hatte er für sich antizipiert. Seine Rede enthielt unbestritten alle nötigen Informationen, auf die ein Anteilseigner Jahr für Jahr wartet – trotzdem waren die Aktionäre im Publikum ob des mangelnden Enthusiasmus nicht überzeugt.

Es genügt nicht, eine gute Geschichte zu kennen, man muss sie auch an den Mann respektive die Frau bringen. Neben dem Fokus auf das Wesentliche, auf die persönliche Haltung, mit der Sie für das Thema stehen, ist das überzeugende Gesamtbild eben auch eine Frage des Entertainments. Die drei Spitzen-Speaker, die wir zum Thema Performance ausgewählt haben, stehen jeder für einen anderen Aspekt der Überzeugungskraft. Wir freuen uns besonders, dass Oliver Geisselhart, der auch zum Entertainment jede Menge zu sagen hätte, mit uns den Aspekt des äußeren Erscheinungsbildes für Sie beleuchtet. Und Sie, liebe Leser, werden merken, sowohl Hans-Uwe L. Köhler als auch Sabine Asgodom und Oliver Geisselhart predigen im Kern das Gleiche: Die Persönlichkeit zählt!

Schreiben Sie Entertainment groß

Hans-Uwe L. Köhler: »Ich will mit dem Publikum Achterbahn fahren«

Mit 24 Jahren hielt der gelernte Zahntechniker Hans-Uwe L. Köhler seinen ersten ganz großen Vortrag. »Rationelle Zusammenarbeit zwischen Labor und Praxis« lautete das Thema. Er hatte sich für jede einzelne Vortragsminute – nach eigenem Bekunden – einen Tag lang Zeit für die Vorbereitung genommen. 3500 Menschen saßen im Saal. Nachdem er zehn Minuten geredet hatte, wurde er durch eine Lautsprecherdurchsage unterbrochen, in der es hieß: Die Busse für die Ost-Berlin-Rundfahrt stehen vor dem Kongressgebäude bereit. »Danach erhoben sich 1000 Leute leise. Vielleicht können Sie sich das vorstellen, wie leise das ist, wenn 1000 Leute ›leise‹ aufstehen … Seit dem Tag arbeite ich daran, dass die Leute sich bei meinen Vorträgen lieber in die Hose machen, als den Saal zu verlassen.«

Für den Spitzen-Speaker Hans-Uwe L. Köhler heißt das heute: Sein größtes Augenmerk in der Vorbereitung dient der Verpackung seiner Botschaften und erst in zweiter Linie dem Inhalt, den man natürlich beherrschen müsse. »Es geht nicht um die Wahrheit oder darum, recht zu haben. Es kommt darauf an, wie Sie Ihr Thema rüberbringen. Sie müssen es so machen, dass es für die Zuhörer möglichst leicht ist, Ihnen zu folgen. Es soll für Ihr Publikum den minimalen Aufwand erfordern und das Maximum bringen«, so der Verkaufstrainer, der nicht nur auf der Bühne, sondern auch in seinen Büchern mit Titeln wie *Das 7. Gesetz. Die wahre Geschichte der 7 Zwerge und andere Erfolgsgeheimnisse* entertainen möchte.

Zu dieser Haltung verhalfen Köhler die Fortbildungen, auf die der Chef des Kemptener Dentallabors ihn schickte, bei dem der junge Zahntechniker drei Jahre vor der Berliner Rede seine Arbeit angetreten hatte. Sein ebenso ehrgeiziger wie sparsamer Vorgesetzter ließ immer nur einen Mitarbeiter an dem jeweiligen Seminar teilnehmen. Dieser musste den Extrakt des Erlernten dann an die Kollegen weitergeben. Anhand dieser handgestrickten Wissensvermittlung hat Hans-Uwe L. Köhler mit Anfang 20 einerseits »die Fehler gesehen, die mich am Lernen hinderten« und andererseits immer wieder üben können, komplexe Zusammenhänge für Kollegen auf einfache Geschichten herunterzubrechen.

Reden, um die Welt zu retten

In seiner Jugend in Hannover war dem späteren Keynote-Speaker die Frage, wie das, was er zu sagen hat, ankommt, dagegen noch ziemlich egal. In der niedersächsischen Landeshauptstadt war Hans-Uwe L. Köhler bekannt wie ein bunter Hund. Das lag damals möglicherweise mehr an seinem politischen Überzeugungs*willen*, dem er auch optisch Nachdruck verlieh, und vielleicht weniger an seiner Überzeugungs*kraft*, auch wenn manche Menschen sich von ihm gut unterhalten gefühlt haben mögen. Lütge, dafür steht das L. in seinem Namen und so wurde er gerufen, fuhr in den bewegten 1968ern mit einem lila Fahrrad durch die Straßen, schwarz angezogen vom Hemd bis zu den Cowboystiefeln, mit weißer Lammfellweste, roter Armbinde, Baskenmütze mit Shalom-Abzeichen und einem alten Doktorkoffer am Lenkrad.

Schon in der Schule vermuteten einige, dass Lütge, den sie zum Stadtschulsprecher gewählt hatten, eines Tages Bundeskanzler werden könnte. Vor Publikum zu sprechen trainierte er im Alter von 20 Jahren täglich, auch wenn die Menschen ihn nicht wählen, sondern ihm nur zuhören sollten: Monatelang stand der Anhänger der Jusos im Folklore-Club auf der Bühne und trug politische Gedichte vor. Brecht, Tucholsky, Kreisler, aber auch eigene Werke. Hat er damals schon erste Erkenntnisse über die Feinheiten des Entertainments gesammelt? »Wir saßen jeden Tag zusammen, um die Welt zu retten, aber zum Publikum hatte ich noch gar keinen Bezug«, bekennt der heutige Experte für emotionale Kommunikation und Erfinder des Love-Selling-Concept. »Wir haben das nicht gemacht, um zu gefallen. Es ging eher um die Botschaft, die ich loswerden wollte, um meinen Sendungsauftrag.«

Es gilt, ein Gefühl zu erzeugen

Das ist heute anders. Inzwischen steht das Publikum seit Jahrzehnten im Mittelpunkt der Auftrittsvorbereitung des Spitzentrainers. Wenn Köhler, der heute die wirklich großen Hallen füllt und nur noch selten Seminare gibt, sich mit einem neuen Thema auseinandersetzt, dann stellt er sich zuerst die Frage: Wie sollen die Menschen sich fühlen, wenn ich meinen Vortrag beendet habe? Als er 2011 zum Beispiel an der Schlussrede für die Jahresversammlung der German Speakers Association (GSA), dem Verband der Speaker und Trainer, feilte, überlegte er sich, welch großes Vergnügen es denen, die ja selbst Redeexperten sind – oder sich zumindest alle so fühlen –, bereiten könnte, ihn »abschmieren« zu sehen. Der Titel seiner Rede entsprach dem Titel des Buches, das er gerade veröffentlicht hatte: *Die perfekte Rede*. Klar, dass diese Anmaßung bei den Zuhörern, die selbst als Redner arbeiten, hohe Aufmerksamkeit und Spannung erzeugen würde. Ob und wie der Mann, der in seiner Freizeit einen Gyrocopter fliegt, diesem Anspruch denn wohl gerecht werden möchte? Sie ahnen es sicher: Natürlich ist der Hobbypilot nicht »abgeschmiert«, sondern erntete Standing Ovations.

Wie jeder gute Redner will Hans-Uwe L. Köhler Gefühle erzeugen. Dafür werden professionelle Redner ja auch gebucht, was nicht heißen soll, dass sich davon nicht jeder, der sich zu Wort meldet, eine Scheibe abschneiden könnte. Externe Gastredner sind oft der Höhepunkt einer Firmenveranstaltung, auf der sonst ausschließlich Zahlen, Daten und Fakten ausgetauscht werden. Der eingekaufte Speaker soll dann den krönenden Abschluss bilden. Mit diesem Bewusstsein tritt jeder Spitzen-Speaker auf die Bühne. Andreas Buhr (siehe auch Kapitel 4), wie Köhler im Thema Vertrieb und Verkauf zu Hause, bringt es auf den Punkt: »Natürlich werden Speaker für ihre Kompetenz gebucht, doch unterm Strich sollen wir die jeweilige Veranstaltung vor allem geiler machen.«

Ohne Entertainment geht das nicht. Im Klartext heißt das vor allem eins: Der Inhalt wird der Emotion untergeordnet. Was, so Köhler, nicht mit der Manipulation des Publikums verwechselt werden sollte. Davon wäre der einstige Brecht-Rezitator ganz und gar kein Freund, weil Manipulation erstens über kurz oder lang auffliege und man zweitens nicht nur seine Glaubwürdigkeit, sondern auch sich selbst dabei verliere. »Ich performe die Wahrheit, die Inhalte«, erklärt der Entertainer Köhler seine Vorgehensweise. »Aber ich verfälsche nicht.«

Streichen Sie den Anspruch auf Vollständigkeit

Köhler belegt durch seine Arbeitsweise das, was wir in der Kapitelein-leitung bereits sagten: Eine Voraussetzung für das Gelingen für diese Art von Infotainment ist die Reduktion des Inhalts auf das Wesentli-che. Wenn Sie Ihr Publikum emotional mitnehmen und unterhalten möchten, dann müssen Sie sich von Ihrem Anspruch auf Vollstän-digkeit verabschieden, davon ist auch der Spitzen-Speaker überzeugt. Eine einzige Kernthese, um die sich alles rankt, reicht völlig aus. Aus-gebaut wird im Gegenzug dafür alles, was drumherum dafür sorgt, dass Ihr Publikum mit den eigenen Erfahrungen bei Ihnen andocken kann. Ideen dazu sammelt Köhler in Ideenkörbchen, sowohl virtuell als auch real in Papierform. Dazu bedient er sich bei allem, was ihm im Alltag so unterkommt: »Meine Frau hat mal festgestellt: Wir lesen beide das gleiche Buch. Sie kann danach die Geschichte erzählen und kennt die Figuren. Ich komme mit fünf Ideen aus dem Buch heraus, kann mich aber an die Geschichte nicht erinnern.«

Perfekt gelungen ist dem Autor und Redner dieses Aufgreifen des Erlebnishorizonts seines Publikums mit dem Slogan »Verkaufen ist wie Liebe«. Das gleichnamige Buch gehört zu den Bestsellern der Wirtschaftsliteratur und ist in mehr als einem Dutzend Auflagen er-schienen. Wie kam Köhler auf diese Metapher? »Mein erster Ge-danke in Bezug auf die Präsentation, egal ob Buch oder Vortrag, ist immer die Frage: Wie kann ich dem Thema mehr Relevanz für mei-ne Zielgruppe geben? Und die Liebe ist doch etwas, Was für uns al-le die höchste Relevanz hat.« Den Anstoß für *Verkaufen ist wie Lie-be* lieferte die Tochter des Verkaufstrainers. Sie war gerade in der Pubertät und das Thema Verliebtsein hatte am familiären Esstisch Hochkonjunktur. Das brachte Köhler auf den Gedanken, dass die-ses Thema wohl jeden Menschen, egal wie alt, in seinen Bann zieht. Als er seinen Vergleich vom Verkaufsgespräch zum Werben um den Liebsten dann erstmals in einem Vortrag ausprobierte, spürte er so-fort, welch großartige Wirkung diese Analogie hatte. »Bevor ich ei-nen ganz neuen Vortrag konzipiere, baue ich eine neue Idee oft erst einmal in andere Vorträge ein, um zu testen, ob und wie sie funktioniert«, beschreibt Köhler seine Arbeitsweise. Auch sein Vortrag »Verkaufen ist wie Liebe« ist so entstanden. Der Beginn war eine einzige Folie, die er in einem ganz anderen Zusammenhang als Testballon einsetzte.

Eine Rede ist ein Dialog … ist Verschmelzung

Eine zweite Technik, für die Köhler steht wie kaum ein anderer Redner in Deutschland, ist seine »Achterbahnfahrt« mit dem Publikum. Dazu beginnt der Entertainer seinen Vortrag durchaus auch einmal aus der Position eines Gegenarguments heraus und zieht seine Zuhörer so tief in die Geschichte hinein, bis sie ihm diese Position auch tatsächlich glauben. Dann plötzlich, so unerwartet wie möglich, schwenkt er in einer dramatischen Kehrtwende um auf das exakte Gegenteil, welches seine wahre Überzeugung ist. Hans-Uwe L. Köhler arbeitet gern mit solchen Provokationen, manchmal baut er ganz bewusst auch Plattitüden ein oder spielt mit Vorurteilen. »Wenn ich auf so einem Zug drauf bin, will ich einfach wissen: Kann ich den Saal so führen, dass sie nicht an die Decke gehen? Diese Gratwanderung macht mir einfach großen Spaß. Dazu muss man exakt wahrnehmen: Wann knackt das Eis? Kann ich noch einen Schritt weiter? Bis an die Kante will ich gehen. Und dann mache ich einen Schritt zurück und bin wieder der nette, liebe Hans-Uwe L. Köhler.« Vielleicht können Sie ahnen, wie verschmitzt er lächelt, als er das erzählt …

Und dann? Dann ist das Publikum perfekt vorbereitet. Es ist Wachs in seinen Händen. Erst dann präsentiert der Speaker die Essenz des Inhalts, die Analyse des Problems, das es in dem Vortrag zu bearbeiten gilt. »Meine Idee von einer perfekten Rede ist die, sich zu vereinen. Ich meine damit, eine in sich verschmelzende Masse mit meinem Publikum zu werden. Das gelingt nicht jedes Mal und nicht mit allen. Aber man muss es anstreben«, erklärt Köhler seine Leidenschaft. Das Erreichen dieses Gefühls ist es, das den wahren Entertainer auf die Bühne treibt.

Wer seine Rede auf diese Weise als Dialog mit dem Publikum betrachtet, der kann nicht mit einem Satz für Satz vorbereiteten Skript auf die Bühne gehen. Der braucht die Freiheit, Aspekte zu verwerfen und dafür andere auszubauen, um die Stimmung aufzugreifen, die aus dem Zuschauerraum nach oben weht. Überflüssig zu erwähnen, dass das Ablesen eines Textes ein absolutes No-Go ist. Das schließt nicht nur den Kontakt mit dem Publikum von vornherein aus, sondern führt auch dazu, dass der Redner nicht fühlt, was er sagt und allein deshalb nicht überzeugen kann. Hans-Uwe L. Köhler hat auf der Bühne lediglich kleine Kärtchen mit Miniaturbildern seiner PowerPoint-Präsentation und wenigen Stichworten, über die er jeweils zwei bis drei Minuten spricht, in der Hand.

Den Profi erkennen Sie außerdem daran, dass er die Gelassenheit hat, Pausen zu machen, in denen er sich Zeit nimmt, sich in sein Publikum einzufühlen. Das ist vielleicht sogar einer der wichtigsten Bausteine auf dem Weg zur Rede als Dialog. Auch unter Profis ungewöhnlich ist es, selbst den Beginn der Performance an der Stimmung im Saal auszurichten. »Den ersten Satz für meinen Vortrag über die perfekte Rede vor den Kollegen der GSA«, so der Spitzen-Speaker Köhler, »den habe ich erst gefunden, als ich draußen stand. Er lautete: Ich habe in diesem Vortrag für jeden Einzelnen von Ihnen einen ganz persönlichen Satz versteckt ... « Ganz schön frech, oder?

Bitte keine Hühnersuppe für Strafgefangene ...

An seinem Haus in einem kleinen Ort im Allgäu sind wir erst einmal mit dem Auto vorbeigerauscht. Umdrehen, wieder zurück, und dann sehen wir Hans-Uwe L. Köhler – natürlich im weißen Hemd –, der schon in der Einfahrt steht und winkt.

Susanne Petz/Gerd Kulhavy: Ihre Devise ist, dass Ihr Publikum sich nicht anstrengen muss. Wie meinen Sie das?
Hans-Uwe L. Köhler: Die Leute sollen mir leicht folgen können. Dafür nehme ich mir in der Vorbereitung viel Zeit. Vergleichbar mit der Arbeit an einem Logo überprüfe ich alles darauf, ob es selbst in Schwarz-Weiß funktioniert, dann ist es leicht, das auch in Farbe zu machen.

Was heißt das für den Inhalt Ihrer Reden?
Inhaltlich versuche ich auf jeden Schnörkel zu verzichten, ich emp-
finde mich als schnörkellos. Der Inhalt muss transportabel werden.
Dazu bin ich bereit, den Inhalt zu verbiegen, auf den Kopf zu stellen oder wie eine Socke auf links zu ziehen.

*Es kann doch nicht sein, dass es auf den Inhalt der Rede fast nicht an-
kommt ...*
Natürlich kommt es auf die Inhalte an! Aber viele Redner machen
den Fehler, dass sie den Inhalt der Rede transportieren. Ich möchte ihn implantieren, das heißt, der Inhalt soll im Gefühlszentrum
der Zuhörer ankommen. Dafür steht der ganze Aufwand. In erster
Linie reduziere ich den Inhalt. Mich interessiert nicht eine Verwäs-
serung. Das wäre wie Hühnersuppe für Strafgefangene. Ich will
wissen: Wie kann man das Thema einkochen, bis es eine cremige
Konsistenz bekommt, sodass der Zuhörer nur ein halbes Tröpfchen
braucht, um eine komplette Suppe zu bekommen?

*Wie haben Sie sich die Freiheit erobert, so mit den Inhalten umzuge-
hen?*
Natürlich kenne auch ich den furchtbaren Satz: Das macht man so!
Meine Erkenntnis: Das Gegenteil ist auch möglich – und damit oft
die Lösung eines Problems. Die Freiheit bekommt man aber nicht
geschenkt, wenn man versucht, es jedermann recht zu machen.
Diese Freiheit habe ich mir, auch bei Gegenwind, hart erarbeitet.

Erzählen Sie Geschichten

Sabine Asgodom: »Ich habe mir meine kindliche Unbeschwertheit zurückgeholt«

Woran können Sie einen Redner erkennen, der nicht einfach sein
Programm abspult, sondern seinen Vortrag spontan, im Dialog mit
dem Publikum entwickelt? Daran, dass frei vorgetragen wird? Das
kann wahrscheinlich auch der Monologisierer, wenn er ein Profi ist.
Ein gutes Indiz ist, wenn der Zuschauerraum nicht ganz abgedunkelt
ist. »Wenn ich die Location in Augenschein nehme, in der ich mei-

nen Vortrag halten soll«, so Sabine Asgodom, die bekannteste Frau unter den deutschen Rednern, »dann bitte ich immer darum, dass der Saal auch während meines Vortrags ein wenig beleuchtet bleibt. Ich muss sehen, ob die Menschen bei mir sind. In ihren Gesichtern will ich lesen, was sie berührt, worauf sie anspringen oder ob sie auf die Uhr schauen.« Und dann baut Sabine Asgodom ihre Geschichte – und ihre Vorträge sind gespickt voll damit – an der entsprechenden Stelle noch etwas aus, eine andere wird beim nächsten Auftritt vielleicht gar nicht mehr erzählt.

Dass Geschichten jeden Vortrag und auch das Meeting mit den Mitarbeitern nicht nur unterhaltend, sondern auch emotional berührend und glaubwürdig machen können, haben uns die Amerikaner vorgemacht. Storytelling heißt diese Methode.[37] Es geht darum, ein Thema, das Ihnen ein Anliegen ist, mit einer Geschichte als Beispiel zu belegen, zu illustrieren. Am besten eignen sich dafür Geschichten aus Ihrem Leben, ein Ereignis, das zeigt, wie Sie handeln oder wie Sie die Dinge sehen. Sabine Asgodom wusste gar nicht, dass diese rhetorische Methode in den USA so verbreitet ist, als sie vor rund 20 Jahren anfing, auf die Bühne zu gehen. Jahrelang galt die erfolgreichste Autodidaktin der Weiterbildungsbranche, die weder als Trainerin noch als Coach eine Ausbildung hat, mit ihrem Stil auf der Bühne, persönliche Geschichten zum Besten zu geben, als Exotin. Dann fuhr die Journalistin und Autorin von Bestsellern wie *Eigenlob stimmt*, *Lebe wild und unersättlich* und auch *Reden ist Gold* 2006 erstmals zu einem Speaker-Kongress in die Vereinigten Staaten und stellte begeistert fest: »Die machen das hier ja alle so!«

Als Kind hat doch eigentlich jeder Geschichten geliebt, oder? Sabine Asgodom erinnert sich an ihren Großvater mütterlicherseits, der ein »fantastischer Fabuleur« war. Auch der Lehrerin hörte die gebürtige Niedersächsin lieber zu, wenn sie nicht nur Stoff vermittelte, sondern Geschichten dazu erzählte. Aufsätze zu schreiben, in denen sie selbst Geschichten erzählen durfte, das liebte sie, denn dabei konnte sie ihrer Fantasie freien Lauf lassen. Und nicht zuletzt erkannte sie früh, dass sie mit ihren kleinen Geschichten sogar in der Lage war, die angespannte Stimmung zu Hause aufzulösen und den manchmal nicht gut gelaunten Vater zu befrieden.

Im Unterschied zu sehr vielen Menschen, die beruflich eine Botschaft zu vermitteln haben, bewahrte sich Sabine Asgodom diese Fähigkeit und Vorliebe fürs Erzählen, sie erhob sie sogar zum Prinzip. *Das* Markenzeichen der Rednerin, die auch einen Saal mit 1000 Menschen rocken kann, sind ihre Geschichten, mit denen sie das Publikum berührt wie kaum ein anderer Speaker hierzulande. »Natürlich habe auch ich diese kindliche Unbeschwertheit in der Pubertät erst einmal verloren. Aber dann habe ich sie mir so nach und nach zurückgeholt.«

Ausschmücken erlaubt!

Die Liebe zum Erzählen geht nicht so weit, dass die Bestsellerautorin Storys erfinden würde. »Die Welt ist so bunt. Da braucht es keine erfundenen Geschichten. Das sollen die eigenen sein, die man dann – je nach Reaktion des Publikums – gern auch etwas ausschmücken darf«, betont die Rednerin. Berührend sind Sabines Geschichten, weil sie darin von sich erzählt, sich zeigt als Mensch mit Fehlern und Schwächen.

Am Anfang ihrer steilen Rednerinnenkarriere – Sabine Asgodom war Mitte der 1990er-Jahre neben ihrer Arbeit als Redakteurin bei der Zeitschrift *Cosmopolitan* schon als Trainerin und Rednerin unterwegs – stand sie einmal auf der Bühne, um ihr damals neuestes Buch *Erfolg ist sexy* vorzustellen. Sie hatte sich mit einem 20-seitigen Manuskript vorbereitet, weil das Thema noch nicht eingeübt war. »Vor mir saßen 120 Frauen und ich merkte: So kriege ich die nicht. Dann habe ich das Manuskript hinter mich geworfen – theatralisch – nach dem Motto ›Sinnlichkeit geht mit Manuskript nicht‹ und habe einfach erzählt, was mir mehr als ein halbes Jahr nach dem Schreiben des Buches noch im Kopf war.«

Heute schwört die erste Deutsche, die auf der NSA Convention in Phoenix, Arizona, als Certified Speaking Professional (CSP) ausgezeichnet wurde, darauf, dass das, was sie spontan auf der Bühne erinnert, das Richtige ist. Wenn die Vielschreiberin sich auf einen Vortrag vorbereitet, notiert sie sich nichts dazu. Kein Kärtchen, kein Stichwort. Sie entwickelt den Vortrag live anhand ihrer vorbereiteten PowerPoint-Folien. Manchmal steht ein kurzer Satz auf der Folie, manchmal ist es ein Bild. Und dazu erzählt sie die Geschichten, die ihr gerade einfallen. »Ich mache das aus dem Gefühl heraus. Welche Geschichte passt jetzt gerade? Ich kann zu jedem Sheet aus dem Stand eine halbe Stunde reden. Gleichzeitig geben mir die Folien die Struktur, damit ich mich in meinen Geschichten nicht verheddere und den Faden verliere«, beschreibt die quirlige Frau ihre erprobte Arbeitsweise.

Zugegeben: Diese Sicherheit muss man erst einmal haben. Sabine Asgodom macht es seit vielen Jahren so, und zwar hundert Mal pro Jahr. Selbst ihren ersten richtig großen Auftritt – vor 5000 Menschen in der Olympiahalle – bereitete sie auf diese Weise vor. Ganz schön mutig, wie wir finden. Das Risiko wurde mit großem Applaus belohnt. Doch auch Einsteigern, die ihr Publikum überzeugen und emotional bewegen möchten, rät Sabine Asgodom, den eigenen spontanen Eingebungen zu vertrauen: »Wichtig ist, dass man sich im Moment des Erzählens wirklich erinnert und sich wieder in der Situation befindet. Manchmal mache ich deshalb auf der Bühne sogar kurz die Augen zu. Ich sehe das Bild und spüre zum Beispiel meine Verzweiflung wieder. Wenn das gelingt, stimmt alles. Der Tonfall, die Präsenz. Wenn man selbst emotional die Situation noch einmal erlebt, dann ist es auch für das Publikum eine Erlebnis.«

Perfektion reißt niemanden mit

Wer Perfektion möchte, der kann dieses Wagnis kaum eingehen, mögen Sie jetzt vielleicht denken. Recht haben Sie! Wer sich und seine Überzeugungen mit persönlichen Geschichten präsentiert, zeigt sich aber als Mensch. Damit werden Sie sichtbar und angreifbar zugleich, vielleicht streitbar, aber eben auch authentisch – und wenn es gut läuft: mitreißend. Mit Perfektion erreichen Sie in den meisten Fällen nichts davon. Der Preis ist das Risiko, sich einzulassen – auf die eigene Erinnerung und auf das Publikum. Und immer wieder neue Erfahrungen zuzulassen und eigene Fehler in Kauf zu nehmen. Es geht darum, nicht einfach etwas »durchzuziehen«, sondern sehr genau wahrzunehmen, wie die Menschen reagieren. Und das auch dann, wenn Sie etwas nicht zum ersten Mal erzählen. Manche Geschichten kommen fast in jeder von Sabine Asgodoms Reden vor, wie die vom grünen Seidenkleid, das riss und mit dunklen Schweißflecken und Knitterfalten ihren ersten Fernsehauftritt zu einem persönlichen Desaster machte. »Am Anfang habe ich die Geschichte vom grünen Seidenkleid natürlich nicht so erzählt«, erklärt die Rednerin. »Ich habe sie im Laufe der Auftritte entwickelt. Ich wurde immer mutiger und die Geschichte wurde mit jedem Mal farbiger. Das geht nur durchs Tun. Das kann man nicht mit einem Choreografen erarbeiten.«

Glaubwürdigkeit, das, wonach sich so viele Menschen sehnen, ist durch persönliche Geschichten leicht zu erzielen. Je enger die Geschichten mit Ihnen verbunden sind, also je mehr sie mit Ihrem persönlichen Wesenskern zu tun haben, desto größer ist dieser Effekt. Das hat damit zu tun, dass Sie selbst als Erzähler dann stärker berührt sind und deshalb auch Ihre Zuhörer stärker berühren. In den USA ist es üblich, dass jeder Trainer und Speaker eine sogenannte Signation-Story hat, die beschreibt, wofür er als Mensch in seinem Business steht.

Natürlich kann es dennoch unterhaltend sein, nicht nur von sich zu erzählen, sondern auch von Beobachtungen, die Sie bewegt haben. Nur zielgerichtet muss es sein. »Geschichten, nur damit es etwas zu lachen gibt, das ist nicht mein Ding. Geschichten haben Beispielcharakter und müssen für etwas stehen«, fordert die Entertainerin. So steht das grüne Seidenkleid für ein Drei-Zonen-Modell, in dem man sich bei seinen Herausforderungen befinden kann: Die Komfort-, Risiko- oder Panikzone. Bei dem Erlebnis, mit gerissenem Kleid in der Talkshow zu sitzen, befand sich Sabine in der Panikzone. Zugleich sagt sie uns mit dieser Geschichte: Einerseits ist auch ein Promi wie sie nur ein Mensch, dem peinliche Dinge passieren, und andererseits gibt es fast immer eine zweite Chance. Für jeden von uns.

Zwischen Leichtigkeit und Weisheit

Das ist das Sympathische an Sabine Asgodoms Geschichten: Sie zeigen sie auch in ihrem Scheitern. Gefühlt erzählt sie kaum jemals irgendwelche Superfrau-Geschichten, sondern in den meisten Fällen von Erlebnissen, bei denen sie über einen Irrweg oder ein Missgeschick ans Ziel oder zur Erkenntnis kam. Gerade diese Erlebnisse bringen nicht selten den Saal zum Toben. Sie kann über sich selbst lachen und ihr Publikum liebt sie dafür. »Was mich antreibt, war schon immer, meine Sicht der Dinge rüberzubringen. Doch früher habe ich das oft mit der Aufforderung ›Sie müssen‹ gemacht, streng, auch mit Druck«, erinnert sich die ehemalige Betriebsrätin und Vorreiterin des Mentoring in Deutschland, die auf ihrer Website zu einem Tübinger Frauenbuchladen verlinkt. In ihrem Trainer-Leben ist ihr dann bewusst geworden: »Ich möchte die Leute ent- und nicht belasten. Meine Geschichten dienen diesem Zweck. Sie haben Weisheit und Leichtigkeit. Und jeder kann selbst entscheiden, ob er oder sie meine Sicht der Dinge teilt oder eben nicht.«

Diesen Stil zwischen Weisheit und Leichtigkeit, der auch all ihre Bücher durchzieht, hat Sabine Asgodom eigentlich schon vor 30 Jahren entwickelt. Damals war sie Redakteurin bei der Zeitschrift *Eltern* und hatte selbst zwei kleine Kinder. Sie war die Expertin für Ich-Geschichten, wie sie es nennt. Aber sie wusste als Expertin eben nicht alles besser, sondern machte sich einen Namen mit dem hemmungslosen Publizieren ihrer »Scheiter-Geschichten«, die sie tatsächlich erlebte, obwohl sie all die schlauen Bücher über den Umgang mit kindlichen Trotzanfällen oder anderen Themen, mit denen junge Eltern kämpfen, gelesen hatte.

Aber ein Happy End haben sie doch alle, die Geschichten von Sabine Asgodom. Nicht nur weil sie weiß: »Wer im Scheitern stecken bleibt, verliert seine Expertise als Vortragender.« Nach dem Drama mit dem grünen Seidenkleid in ihrem ersten TV-Talk coacht sie heute als eine der ersten Trainerinnen live im öffentlich-rechtlichen Fernsehen.

Meine Geschichten sollen die Menschen entlasten

So eine Ruhe haben wir im Büro von Sabine Asgodom gar nicht erwartet. Sie muss alle Telefone abgestellt haben. Zwei ungestörte Stunden und Kuchen in Hülle und Fülle, denn nicht nur unsere Gastgeberin, sondern auch wir haben welchen mitgebracht.

Susanne Petz/Gerd Kulhavy: Deine Geschichte vom grünen Seidenkleid erzählst du fast in jedem Vortrag. Dabei war das doch ein extrem peinlicher Moment für dich. Ist es nicht schrecklich, sich immer wieder daran zu erinnern?
Sabine Asgodom: Nein, die Menschen haben so viel Spaß, wenn sie das hören. Das ist für viele sehr entlastend. Sie können sich dann denken: Wenn der Asgodom solche Dinge passieren und sie hat es trotzdem geschafft, dann kann ich das auch. Es ist ein Geschenk. Ich schenke den Menschen meine Geschichten, damit sie sich besser fühlen. Das ist das Ziel.

Hattest du ein Vorbild dafür?
Da fällt mir mein Opa ein. Der hat uns Geschichten erzählt … ohne Ende. Bei unseren Familientreffen saßen manchmal zehn Kinder um ihn herum. Wir dimmten das Licht und er erzählte: Draußen hört man Pferdegetrappel. Das haben wir dann auch wirklich gehört und es hat uns jedes Mal gepackt. Seine Geschichten gingen ins Herz, wir haben sie gesehen und durchlebt. Der Opa hatte einen abgeschnittenen Daumen. Uns hat er erzählt, er hätte im Zirkus gearbeitet und der Löwe hätte ihm den Finger abgebissen. Ja, das war ein Fabuleur, der konnte erfinden …

Trotzdem bist du auf der Bühne gegen das Erfinden von Geschichten.
Es ist ein Unterschied, ob man eine erfundene Geschichte als solche ankündigt oder ob man so tut, als wäre es die eigene Geschichte. Analogien kann man erzählen. Aber Lügen, das mag ich nicht, das spürt das Publikum auch. Detaillierter erzählen, auch ausschmücken, dagegen ist nichts einzuwenden, es soll den Menschen ja Freude machen.

> *Viele Manager, mit denen ich am Storytelling arbeite, sagen zuerst: So viele Geschichten fallen mir gar nicht ein.*
> Den Einwand kenne ich auch. Dabei geht es gar nicht um Geschichten, wie ich die Welt gerettet habe, oder um besonders geistreiche Geschichten, sondern um Alltagsgeschichten, die jeder von uns hat. Die Geschichte kann gar nicht einfach genug sein, dass ich sie nicht erzählen könnte, um an einem Beispiel meine Sicht der Dinge zu erklären.

Ihre Erscheinung zählt

Oliver Geisselhart: »… so erfolgreich aussehen, wie ich werden wollte«

Kleider machen Leute. Egal wie alt dieser Spruch ist, Oliver Geisselhart besteht darauf, dass er hier steht. »Ich habe mich von den Anfängen bis heute immer auch über das äußere Erscheinungsbild verkauft«, so der Gedächtnistrainer, der schon mit 16 Jahren einen ersten Vortrag für seinen an dem Tag verhinderten Onkel, den Gedächtnistraining-Pionier Roland Geisselhart, halten durfte. Für diesen Vortrag an der Volkshochschule Singen hat Oliver Geisselhart ein Hemd zur Jeans angezogen, obwohl ein Hemd zu den Dingen gehörte, die er in der Schule nie getragen hätte. Vermutlich wollte er einfach etwas erwachsener wirken. Viel nachgedacht hat er darüber damals noch nicht – jedenfalls erinnert er es jetzt nicht mehr. Heute sagt der Keynote-Speaker: »Wer erfolgreich sein oder werden möchte, sollte sich so anziehen, als wäre er schon so erfolgreich.« Also: Kleiden Sie sich immer besser als Ihr Business-Status-quo.

Noch sehr genau im Kopf ist dem Wahl-Dortmunder Geisselhart der erste Vortrag, bei dessen Vorbereitung er sich wirklich Gedanken darüber machte, wie er auch mit seiner Kleidung dafür sorgen könnte, dass sein Publikum ihn »für voll nimmt«. Oliver Geisselhart war damals Anfang 20. »Ich Jungspund sollte 40 alten Vertriebshasen, die meisten gut 20 Jahre älter als ich waren, erklären, wie ihr Business geht. Es war mir klar, dass ich, um Autorität und Kompetenz auszustrahlen, etwas besser angezogen sein musste als mein Publikum. Vertriebler kamen damals noch meist in Kombination, also trug ich einen Anzug.«

Roland Geisselhart hatte die Mnemotechnik der alten Griechen, bei der Informationen zum Erinnern im Geiste in Bilder übersetzt werden, auf seine damaligen Praxisanwendungen umgesetzt. So entwickelte er Stück für Stück, später gemeinsam mit Oliver Geisselhart, die Geisselhart-Technik. Sie gilt heute unter Experten als die praxisorientierteste Gedächtnistechnik. Schon während seines BWL-Studiums hielt Oliver Geisselhart regelmäßig Seminare und Vorträge zum Thema Gedächtnis- und Mentaltraining. Anfangs ging er noch mit langen Haaren auf die Bühne, die er für Vorträge zu einem Zopf zusammenband. »Der Zopf ging nur durch, weil ich ansonsten gut angezogen war«, erinnert sich der Keynote-Speaker. »Ich trug zum Beispiel immer gute Schuhe. Anfangs bin ich noch in Jeans, Rollkragenpulli und Sakko aufgetreten. Das fand ich cooler als den klassischen Anzug.« Doch mit der Zahl seiner Auftritte – bis Ende des Studiums absolvierte er schon ein bis zwei Engagements pro Woche – wuchs die Überzeugung: »Es muss doch ein Anzug sein.«

Die Kleidung zeigt die Auftragslage

Gerade wer noch im Aufbau seines Business ist, so der Mann, der laut ZDF heute Deutschlands Gedächtnistrainer Nummer eins ist, könne mit guter Kleidung und den entsprechenden Accessoires signalisieren, dass die Auftragslage stimmt. »Ein Kunde, der mich buchen will, registriert mein Erscheinungsbild. Ein gut geschnittener Anzug, der richtig sitzt, bei dem sowohl die Hosen- als auch die Ärmellänge stimmt, zeigt dem Kunden, dass ich auf Details achte. Dies wird unbewusst auf meine Kompetenz in der Vorbereitung und Durchführung des Auftrages projiziert. Außerdem arbeiten erfolgreiche Menschen gern mit erfolgreichen Menschen zusammen. Und da unser erster Eindruck nun mal von der Optik geprägt wird, sollte die Optik Erfolg ausstrahlen. Hinzu kommt: Wer viel Geld für sein Produkt (sprich für seinen Vortrag oder Workshop) verlangt, wirkt unglaubwürdig, wenn er selbst nur billig kauft!«, erklärt der Diplom-Betriebswirt. »Der Kunde übersetzt das im Geiste in: Dann muss auch die Qualität seiner Leistung stimmen.« Wenn Oliver Geisselhart sich beim Chef eines großen Unternehmens vorstellt, möchte der Speaker, dessen Zuschauer ihn manchmal fragen, ob er das wirklich hauptberuflich macht, nicht, »dass der Vorstand denkt, ich bin ein Habenichts, der nur nebenher ein bisschen über Gedächtnistraining redet.«

Der Sohn eines Autohändlers und Autoliebhaber Geisselhart ist davon überzeugt, dass das bekannte Klischee stimmt und natürlich auch Statussymbole als Zeichen von beruflichem Erfolg gewertet werden. »Ich kann jedenfalls nicht anders, als zuerst auf Äußerlichkeiten zu schauen«, gibt Geisselhart gern zu. »Klar hat jeder eine zweite Chance. Aber warum es sich unnötig schwer machen?« Trainer, die für einen Vortrag Tausende von Euros verlangen und fast ausgebucht sind, können in seinen Augen nicht mit einem alten Opel Astra bei dem Unternehmen vorfahren, das sie anheuern soll. Wer soll denn glauben, dass dieser Trainer die vielen Kilometer damit zurücklegt? »Bei einer Frau«, so Geisselhart, »darf es auch ein schicker Kleinwagen sein. Der geht dann als typisches Frauenauto durch. Aber es muss stimmig und authentisch sein.« Ansonsten gelte: Das Auto, die Uhr, die Manschettenknöpfe, die Schuhe – jedes Detail ist eine Aussage.

Je kürzer die Referenzliste, desto wichtiger der Eindruck

Oliver Geisselhart entgeht in puncto Outfit und Style scheinbar nichts. Kein Detail bleibt unbeachtet. Was er weiterhin erwartet: Der Eindruck muss in sich stimmig sein. Auch eine Rolex müsse zum Gesamtbild passen. Wer die teure Uhr am Handgelenk habe, bei dem sollten auch die Zähne gepflegt sein. »Je kleiner die Liste der Referenzen, die Sie in Ihrem Business schon sammeln konnten, desto größer ist das Gewicht dieser Aussagen«, sagt Geisselhart, der sich auch mit seinen zahlreichen Gedächtnistrainingsbüchern, -CDs und -DVDs einen Namen gemacht hat. »Wer oben ist und die Referenzen hat, der muss das nicht mehr beweisen.« Vielleicht war es ja gerade die Tatsache, dass jemand, der sich neben seinem damals sehr erfolgreichen Onkel auf der Bühne behaupten musste und besonders kritisch betrachtet wurde, seine Sensibilität in Bezug auf die Wirkung seines äußeren Erscheinungsbildes geschult hat.

Heute könnte sich Oliver Geisselhart fast jedes Outfit leisten. Seinen Zopf hat der große, durchtrainierte Mann dennoch schon vor vielen Jahren dem Business geopfert. Und gute Kleidung macht ihm mittlerweile so viel Spaß, dass er seine Anzüge maßschneidern lässt. Auf die Krawatte verzichtet er immer noch gern einmal, trägt »zum Ausgleich« dann aber Einstecktuch und Manschettenknöpfe. Er hat auch schon einmal überlegt, ob er sich mit ausgefallenerer Kleidung ein optisches Markenzeichen zulegen sollte, doch diesen Gedanken dann schnell verworfen. Seine eher klassisch-lässige Kleidung ist sicher eine gute Strategie für den Speaker mit den immer noch alles andere als raspelkurzen dunklen Haaren, dessen Tonfall auf der Bühne bewusst ungeschliffen, eher der umgangssprachliche Kumpel-Ton, ist. »Ich kann auf der Bühne rotziger und frecher auftreten, wenn ich einen Anzug anhabe«, ist der Entertainer überzeugt. »Das beste Beispiel dafür ist Harald Schmidt. Wenn der nicht immer wie aus dem Ei gepellt gestylt wäre, könnte er sich manche Dinge nicht leisten.« Hier kann also Kleidung sogar einen wichtigen Gegenakzent setzen.

Respekt für den Kunden zeigen

Andererseits möchte das Superhirn Geisselhart mit ausgewählter Kleidung auch Respekt für seine Zuschauer zeigen. Kein Auftritt, vor dem er sich beim Kunden nicht nach der Zusammensetzung seines Publikums erkundigt. Die meisten Firmenchefs erwarten, so Geisselharts Erfahrung, dass ein Vortragsredner auf ihrem Event eher besser als unter dem Niveau der Mitarbeiter gekleidet ist. »Wenn ich von meinen

Jungs möchte, dass sie gut angezogen sind, kann ich nicht einen Redner auf die Bühne holen, der darauf keinen Wert legt. Der wirkt doch
als Vorbild!«, erklärt Geisselhart die Denke der Unternehmen, mit
denen er zusammenarbeitet. So erinnert sich der Trainer an einen Firmenevent am Comer See, zu dem die Mitarbeiter alle sehr leger erschienen, doch der Chef der Werbeagentur sich explizit von ihm als
Trainer und Redner wünschte: Anzug und Krawatte.

Selbst der persönliche Background hat nach Geisselharts Beobachtung einen Einfluss auf die Ansprüche, die an die Garderobe eines
Menschen zu stellen sind. Seiner Meinung nach wäre beispielsweise der stets in Anzug und Schlips auftretende Speaker-Kollege Jörg
Löhr, der das Thema Erfolg und Motivation sehr erfolgreich besetzt,
»eigentlich erheblich freier, weil er aus dem Sport kommt. Er müsste
nicht so perfekt angezogen sein.« Und auch das Thema selbst lässt
in Geisselharts Augen Rückschlüsse auf die geforderte Kleidung
zu: Wer auf einem Firmenevent seine Erkenntnisse über Kreativität oder Gesundheit präsentiert, könne unter Umständen viel locke-
rer gestylt vorne stehen als jemand, der, wie Hans-Uwe Köhler und
Andreas Buhr, mit dem Thema Vertrieb und Verkauf unterwegs sei.
Bleibt die spannende Frage: Was gilt dann für Gedächtnistrainer?
»Man könnte sich zum Beispiel auch einen Super-Professor darunter vorstellen, der dann eher abgerockt und tüttelig daherkommt«,
lautet Geisselharts pfiffige Antwort.

Vermutlich hätte dann der Zopf doch nicht geopfert werden müssen? Doch! Denn an sich selbst hat der Speaker festgestellt, dass ihm
das richtige Outfit – unabhängig von dem, was gefordert ist – auch
Sicherheit gibt. Viele Menschen, die im Rampenlicht stehen, bestätigen das. Wer auf der Bühne präsentiert, muss es schaffen, sein Publikum in den ersten zwei bis drei Minuten für sich zu gewinnen.
Dafür muss man sich wohl in seiner Haut – respektive in der Haut-
bedeckung – fühlen. Deshalb ist es Oliver Geisselhart nur ein einziges Mal passiert, dass er underdressed war. Der Vortragstermin war
nur im Büro, nicht in seinem persönlichen Kalender vermerkt. Er
fuhr dann aber auf dem Rückweg von einem Radiointerview, ohne
Möglichkeit für Klamottenwechsel, doch noch hin. »Anfangs ha-

be ich mich auf der Bühne dadurch richtig unwohl gefühlt, weil ich im Unterschied zu sonst in Jeans und Sakko vor den Leuten stand.« Wie der ehemalige James-Bond-Darsteller Pierce Brosnan es einmal so treffend formulierte: »Der richtige Anzug hilft dem Schauspieler, den gewissen Bond-Stil zu verkörpern und sich entsprechend zu bewegen und zu benehmen. Ohne einen Anzug ist es viel schwieriger, sich wie James Bond zu fühlen.«[38]

Zu fein wirkt unsympathisch

Da nun aber das Publikum (alles Zeitungsabonnenten) sehr leger gekleidet war, war sein Outfit perfekt. Die Devise von Oliver Geisselhart ist, immer etwas besser als seine Zuschauer, aber niemals zu stark vom Publikum abweichend angezogen zu sein. Ein Vertriebler, der in Anzug und Krawatte im bäuerlichen Umfeld seine Produkte an den Mann bringen will, komme eben genauso wenig an wie der umgekehrte Fall. Ein gutes Beispiel für die adäquate Kleidung sei auch sein Gedächtnistrainerkollege Gregor Staub. »Gregor redet hauptsächlich in Schulen und an Unis. Er trägt zwar teure Schuhe, aber nie Hemd und Anzug, sondern einen Rolli. Bei diesem Klientel kommt das viel sympathischer rüber.« Und um nichts anderes geht es, wenn Sie andere an Ihrem Wissen teilhaben lassen wollen oder von Ihren Erkenntnissen überzeugen möchten. Sympathie ist die Grundlage, dass das gelingt. Das äußere Erscheinungsbild kann einen Beitrag dazu leisten.

Auch Kleidung trägt zur Überzeugungskraft bei

Wenn man den Dortmunder Hinterhof betritt, in dem der Aufgang zu Oliver Geisselharts Wohnung und Büro ist, erwartet man alles andere als einen Hipster. Dann geht die Tür auf und wir befinden uns in einer anderen Welt – die wir noch dazu bis ins Vorratskämmerchen erkunden dürfen. Denn das Bein in Gips heißt für die Gäste: Selbstbedienung.

Susanne Petz/Gerd Kulhavy: Sie haben Ihre Seminare zunächst in Sakko und Jeans gehalten. Heute sieht man Sie als Speaker immer im Anzug.

Oliver Geisselhart: Der Wechsel zum Anzug kam, als das Publikum hochwertiger gekleidet vor mir saß und ich vom Seminartrainer mehr in Richtung Vortragsredner gegangen bin. Früher habe ich viele Seminare bei IHKs, Stadtverwaltungen und Volkshochschulen gegeben, da kommt ja auch das Publikum eher casual. Davon wollte ich mich nicht zu sehr abheben.

Haben Sie sich auch da schon bewusst angezogen?

Ja, ich habe zum Beispiel selbst den Schal bewusst gewählt. Er sollte hochwertig wirken, was in meinen Augen Erfolg vermittelt, aber dennoch lässig. Die Wirkung sollte so sein, dass die Leute denken: Hey, warum macht der eigentlich noch Seminare an einer VHS?

Woher mag es kommen, dass Sie von Anfang an so auf Ihre Erscheinung geachtet haben?

Ich habe mir sehr bewusst andere Trainer angeschaut. Wie tritt er auf? Wie reagieren die Teilnehmer? Welche Unterlagen hat er? Wie sind die Folien aufgebaut? Selbst gedruckte Visitenkarten sind in meinen Augen zum Beispiel ein absolutes No-Go. Wenn ich das gesehen habe, dachte ich mir schon damals: Was für ein Anfänger! Auch wenn er noch so erfolgreich war. Das ist vergleichbar damit, dass ich in ein teures Restaurant schön essen gehe und bereit bin, viel Geld dafür auszugeben. Dann muss auch das Ambiente passen und nicht nur die Qualität des Essens.

Welches Erscheinungsbild erwarten Sie von einem Trainer auf der Bühne?

Es muss stimmig sein. Das muss nicht immer ein Anzug sein. Klaus Kobjoll kleidet sich überhaupt nicht wie ein Vorzeige-Gastronom. Er kommt in Jeans und Hemd über der Hose – und er darf das machen. Wenn er seinen Erfolg aber nicht mit den Umsatzahlen seines Tagungshotels Schindlerhof in der PowerPoint-Präsentation belegen könnte, dann hätte er es in dem Outfit viel schwerer.

Der Leitfaden für Ihre Performance

Ich will mit dem Publikum Achterbahn fahren

➤ Überraschen Sie Ihr Publikum.

Meine Umsetzung:

_____

_____

➤ Reduzieren Sie Ihren Inhalt auf des Wesentliche.

Meine Umsetzung:

_____

_____

➤ Zwei Kernthesen sind eine zu viel!

Meine Umsetzung:

_____

_____

➤ Knüpfen Sie am Alltag Ihres Publikums an.

Meine Umsetzung:

_____

_____

➤ Entwickeln Sie eine Metapher, die Ihre Kernthese veranschaulicht.

Meine Umsetzung:

_____

_____

➤ Was sollen Ihre Zuhörer denken und fühlen, wenn Sie Ihren Vortrag beendet haben?

Meine Umsetzung:

_____

_____

Erzählen Sie Geschichten

➤ Nutzen Sie Geschichten als emotionale Botenstoffe Ihres Vortrags.

Meine Umsetzung:

_____

_____

➤ Vermitteln Sie Ihre Kernbotschaft mit einer Geschichte, einem Erlebnis.

Meine Umsetzung:

_____

_____

➤ Je persönlicher die Geschichte, desto intensiver die Wirkung.

Meine Umsetzung:

_____

_____

➤ Erzählen Sie von Ihren eigenen Gefühlen.

Meine Umsetzung:

_____

_____

➤ Überprüfen Sie in einem Testvortrag, ob die Geschichte wirklich zielgerichtet für das Thema steht, das Sie damit verdeutlichen möchten.

Meine Umsetzung:

_____

_____

Ihre Erscheinung zählt

➤ Orientieren Sie sich mit Ihrer Kleidung nach oben, wenn Ihre Entwicklung auf der Karriereleiter nach oben gehen soll.

Meine Umsetzung:

_____

_____

> Unterstützen Sie mit Ihrer Kleidung Ihre Autorität und Ihre Kompetenz.

Meine Umsetzung:

_____

_____

> Signalisieren Sie mit guter Kleidung, dass Ihre Auftragslage gut ist.

Meine Umsetzung:

_____

_____

> Zeigen Sie mit adäquater Kleidung Ihren Respekt gegenüber Ihren Kunden.

Meine Umsetzung:

_____

_____

> Ziehen Sie sich immer etwas besser an als Ihr Publikum.

Meine Umsetzung:

_____

_____

3 Präsentation: Machen Sie sich unvergesslich

Bauch und Herz reden mit – immer

Was erinnern Sie heute noch von all dem, was Sie gestern an Informationen aufgenommen haben? Welche Meldung der Nachrichten, die Sie vielleicht im Auto gehört oder abends im Fernsehen gesehen haben, ist Ihnen jetzt noch präsent? Als politisch interessierter Mensch erinnern Sie sich vielleicht sogar noch an drei oder vier News von gestern, vor allem wenn Sie länger im Auto saßen und sich diese wiederholt haben. Aber welche Nachrichtenmeldung vom Dienstag letzter Woche ist Ihnen noch im Gedächtnis geblieben? Möglicherweise gar keine. Keine Sorge, das ist normal. Wenn nichts Außergewöhnliches passiert ist, sind die Informationen, die wir am leichtesten erinnern, jene, die an Erfahrungen und Informationen anschließen, die unser Gehirn schon gesammelt hat und die uns emotional berühren.

Eigentlich ist es ja ein Glück, dass wir so viel vergessen. Es strömen schließlich unendliche Massen an Bits auf uns ein. Die Festplatte in unserem Kopf würde ohne das Vergessen überquellen. Gleichzeitig wünschen wir uns, dass wir mit dem, was wir in die Welt hinaustragen, sei es an unsere Kollegen, Mitarbeiter oder Kunden gerichtet, auch nachhaltig präsent bleiben. Und dazu gehört, dass man sich an Sie erinnert.

Die Daten, die unser Gehirn speichert, sammeln wir mit all unseren fünf Sinnen. Der beste Garant dafür, dass man sich an Sie erinnert, ist, dass Sie sich und Ihre Botschaft auch visuell erlebbar und erfahrbar machen. Unser Bildgedächtnis ist nämlich viel besser in unserem neuronalen Netz verankert und dem Sprachgedächtnis deshalb weit überlegen.[39] Wir erinnern bis zu 80 Prozent durch das Sehen, denn unser Gehirn speichert vor allem visuelle Reize. Die zweite Faustre-

Erinnerung ist auf Bilder programmiert

gel ist: Je stärker uns eine Sache emotional in ihren Bann zieht, umso tiefer ist der Eindruck, den sie in unserem Gedächtnis hinterlässt. Beides – das Gefühl und das Bild – hängt miteinander zusammen. Doch der Reihe nach.

Glauben Sie alles, was Sie sehen?

Einmal gesehen ist besser als zehn Mal gehört. Dass wir weniger an dem zweifeln, was wir sehen, lässt sich auch daran ablesen, dass wir uns zwar ver-*hören*, aber sich zu ver-*sehen*, jedenfalls in dem hier gemeinten Sinne, nicht Teil unseres Wortschatzes ist. Bilder transportieren Informationen schneller an unser Gehirn, denn wir erfassen sie mit einem Blick. Zudem unterstellen wir jedem Bild – besonders dem Foto oder dem dokumentarischen Film – eine größere Glaubwürdigkeit als dem Wort.

Als Susanne Petz als Journalistin vom Hörfunk zum Fernsehen wechselte, musste sie sehr schnell lernen, keine sogenannten Bild-Text-Scheren zu produzieren, also im Kommentartext nicht über etwas anderes zu sprechen, als der Zuschauer im Bild sehen kann. Ziel beim Fernsehen ist, das Bild durch den Text zu ergänzen, zu untermauern. Der Grund: Unsere Aufmerksamkeit folgt dem Bild, nicht dem Wort. Das Attentat vom 11. September hat die Welt nicht zuletzt deshalb so erschüttert, weil diese nie zuvor so gesehenen Bilder in fast jedes Wohnzimmer übertragen wurden. »Wir sind Augentiere.« Prof. Ernst Pöppel, medizinischer Psychologe an der Universität München, leitet diese Erkenntnis aus unserer menschlichen Sozialisation ab.[40]

»Bilder sind schnelle Schüsse in das Gehirn«, fasst der ehemalige Direktor des Instituts für Konsum- und Verhaltensforschung der

Universität des Saarlandes, Prof. Werner Kroeber-Riel, seine Erkenntnisse in einer griffigen – und somit als Bild gut erinnerbaren – Metapher zusammen.[41] Auch das, was wir als Erwachsene noch aus unserer Kindheit wissen, ist in der Regel in Form von Bildern abgespeichert; nur wenig Gesprochenes bleibt über die Zeit im Gedächtnis.

Ein elementarer Bestandteil unserer optischen Wahrnehmung sind Farben, machen sie doch 60 Prozent unserer Umwelteindrücke aus und bewegen sich damit deutlich vor der Wirkung von Formen und Schriften. Die Bedeutung, mit der wir verschiedene Farben belegen, ist abhängig von unserer Kultur und nicht in jeder Region der Welt gleich. In Europa gilt Schwarz heute als die Farbe der Trauer, in Asien trägt man zu diesen Anlässen Weiß. In alten **Farben lösen Stimmungen aus** Überlieferungen findet man jedoch Hinweise darauf, dass etwa das Hochzeitsgewand der bäuerlichen Bräute in Bayern, sofern dafür überhaupt die finanziellen Mittel vorhanden waren, häufig dunkel war. Erst mit der romantischen Verklärung der Ehe und dem Überschwappen des Trends aus Amerika strebten junge Frauen für ihr Brautkleid weiße Stoffe an. In anderen Kulturen ist das Hochzeitskleid rot. Schon im Mittelalter galten Rot und Blau als herrschaftliche Farben, denn die Beschaffung der Rohstoffe für Purpurrot (aus Schildläusen) oder Indigoblau (aus Pflanzenextrakten) war aufwendig und teuer.

Der Schweizer Johannes Itten (1888 bis 1967), einer der ersten Lehrer am Bauhaus in Weimar, konnte nachweisen, dass Farben darüber hinaus eine psychologische Wirkung haben.[42] So bemerkte er, dass ein schwitzendes Pferd in einem blau gestrichenen Raum schneller abkühlt als in einer roten Umgebung. Leicht bekleidete Testpersonen beschreiben in Versuchen ähnliche Reaktionen: In einem Zimmer mit blauen Wänden schätzen sie die Raumtemperatur um bis zu fünf Grad Celsius kühler ein als in einem roten Ambiente. Farben beeinflussen unsere Stimmung. Teilweise hängt dies mit ihrem Vorkommen in der Natur und ihrer Wirkung in diesem Element zusammen: Blau, die Farbe des Wassers, kühlt. Grün, Symbol für das Wiedererwachen der Natur im Frühjahr, gilt als die Farbe der Hoffnung. Rot ist die Farbe der Liebe und der Leidenschaft, die mit der Hitze des Feuers und seiner Zerstörungskraft in Verbindung gebracht wird.

Manche Farben sind Träger politischer Botschaften, der schwarze Rolli der Existenzialisten etwa im Paris der 1950er-Jahre. Zur Farbe Weiß fällt Susanne Petz, die viele Jahre in München-Schwabing gelebt hat, sofort der heute spirituell bewegte Alt-68er Rainer Langhans ein, wie er sommers wie winters ganz in Weiß auf seinem Fahrrad durch München fährt. Auch Produkte oder Firmen, die klar mit einer Farbe verbunden sind, kennen wir seit Jahrzehnten, wie die lila Kuh von Milka oder das rote Logo von Coca-Cola. Aus diesem Erfahrungsschatz und dem persönlichen Vorwissen entstehen die mitunter sehr individuellen Assoziationen und Gefühle, die eine Farbe auslösen kann.

Ich sehe was, was du nicht siehst …

Nicht nur die Farbe, sondern das ganze Bild, das wir sehen, ist lediglich der Impulsgeber für das Abbild, das wir in unserem Inneren daraus machen. »Das Auge als Quell visueller Information liefert nicht mehr als 10 bis 20 Prozent der Wahrnehmung. 80 bis 90 Prozent sind Zusatzleistungen des Gehirns«.[43] Fast alles, was vom Auge an unser Gehirn gelangt, ist eingeschränkt und eingefärbt durch unsere persönlichen Erfahrungen, unser erlerntes Wissen und unsere Gefühle. Mit der Nachhaltigkeit dieser Wirkung und der Verankerung dieser Leistung im Gehirn kann kein Wort konkurrieren.

Wir sehen, was wir denken

Schon Aristoteles wusste darum, dass Überzeugungskraft ohne Emotion nicht entfaltet werden kann. Auch wenn er dem Argument (*logos*) die größte Bedeutung beimaß, verlangte er doch, dass ein Redner auch *Pathos*, also Leidenschaft, einsetze, um sein Publikum emotional zu berühren und zu überzeugen. Im Nachkriegsdeutschland – möglicherweise in Abgrenzung zur Leidenschaft nationalsozialistischer Redner – haben Manager neuerer Prägung sich der Sachlichkeit zu- und von der Emotionalität abgewendet. Das Ziel wurde im Laufe der Zeit der Homo oeconomicus, der zur Lösung eines betriebswirtschaftlichen Problems alle verfügbaren Daten und Fakten, Statistiken und mathematischen Erkenntnisse heranzieht und dessen Entscheidungen schließlich von rein rational nachvollziehbaren Schlussfolgerungen geprägt sind. Wie sehr dieses Denken heute noch dominiert, belegt eine Erhebung der Akademie für Führungskräfte der Wirtschaft aus dem Jahr 2005. Demnach entschieden sich mehr als drei Viertel der über 500 befragten Manager erst dann, wenn sie glaubten, alle relevanten Informationen zu besitzen, und erteilten der Intuition damit eine klare Absage. Den Mut Max Grundigs, der gesagt haben soll: »Ich überlege – mein Bauch entscheidet«, haben heute nur etwas mehr als 10 Prozent der Verantwortlichen.[44]

Dabei ist diese Haltung mutig und realitätsnah gleichermaßen. Nicht nur, weil es selbst theoretisch in den meisten Problemlagen in unserer komplexen Welt unerreichbar ist, wirklich alle verfügbaren Informationen zu sammeln. Der amerikanische Bestsellerautor Malcolm Gladwell sagt über die Momente, in denen wir denken, ohne nachzudenken: »Ich glaube, dass das, was in den ersten zwei Sekunden geschieht, total rational ist. Es handelt sich dabei um Denken – es ist bloß eine schnellere und geheimnisvollere Art von Denken als jenes bewusste Treffen von Entscheidungen, das wir üblicherweise mit Denken gleichsetzen.«[45] So wie etwa beim Autofahren, wo wir unter Umständen auch zu extrem raschen Einschätzungen kommen müssen. Würden wir in jeder Entscheidungssituation erst jedes Für und Wider sorgsam abwägen, hätten wir zwar eine allen Anfeindungen standhaltende Begründung unseres Entschlusses – dafür aber vielleicht einen Unfall gebaut. Der Gehirnforscher Joseph LeDoux überschreibt das entsprechende Kapitel in seinem Buch mit »Die Schnellen und die Toten«. Unsere Intuition ermöglicht es uns, in vielen Alltagssituationen schnell die richtigen Entscheidungen zu treffen.

Wie viel Vertrauen haben Sie zu Ihren Gefühlen?

Bauchentscheidungen sind eine Folge unseres Erfahrungswissens, abrufbar aus dem Unbewussten. Wie auf einer Computerfestplatte speichern wir über die Jahre hinweg Erlebnisse, Emotionen, Erfahrungen und Ereignisse ab, die dann in Sekundenbruchteilen mit der aktuellen Situation abgeglichen werden. Der biologische Grund ist offensichtlich: Während unser bewusstes – langsameres – Denken in der Großhirnrinde, dem sogenannten Cortex, abläuft, finden unbewusste Vorgänge in darunter liegenden Regionen statt – etwa eine spontane Erinnerung an einen bestimmten Umstand oder die für uns nicht wahrnehmbare Beeinflussung der Bauchspeicheldrüse. Es kommt hier im Gehirn zu einem Zusammenschluss von mehreren Teilgebieten, den der Forscher Gerhard Roth »emotionales Entscheidungsgedächtnis«[46] nennt. Unter Fachleuten herrscht Einigkeit darüber, dass diese Bereiche bereits vor unserer Geburt, im Uterus, ihre Arbeit aufnehmen und alles, was uns im Laufe des Lebens widerfährt, in Form von Gefühlen und Körperempfindungen horten.[47]

Dieser Wissensspeicher ist neben allen aktuell gesammelten Informationen immer mit von der Partie. »Emotionen werden daher heutzutage nicht mehr als Störfaktor für das vernünftige Denken betrachtet, sondern als unersetzliche Überlebenshilfe«[48], schlussfolgert Maja Storch, Psychoanalytikerin an der Uni Zürich. Das Coaching-Ehepaar Beate und Martin Nimsky spricht von »intrinsischer Kompetenz«.[49] An guten Entscheidungen ist immer sowohl das emotionale Erfahrungsgedächtnis als auch erlerntes Faktenwissen beteiligt. Wer versucht, sich von seinem Bauchgefühl abzukoppeln, und vermeintlich »objektiv« handeln möchte, wird damit nicht sicherer, sondern unsicherer.

Das Bauchgefühl gibt Sicherheit

»Die Kunst der klugen Entscheidung beherrscht, wer seine beiden Entscheidungssysteme – den Verstand und das emotionale Erfahrungsgedächtnis – souverän handhaben kann, wer seine Stärken und Schwächen kennt und sie darum situationsgerecht einzusetzen versteht«[50], so die Psychologin Storch. Der portugiesische Neurowissenschaftler Antonio Damasio geht aufgrund einer Reihe von Untersuchungen an hirngeschädigten Patienten noch einen Schritt weiter: Er stellte in der medizinischen Forschung fest, dass Menschen mit Schädigungen in den Hirnregionen, die für die Emotionen zuständig sind, nicht in der Lage sind, rationale (!) Entscheidungen zu treffen.[51] Sie entscheiden zwar nach logischen Kriterien, haben aber keine Sicherheit, dass die jeweilige Entscheidung wirklich gut ist.

Was heißt das alles nun, wenn Sie sich »unvergesslich« machen möchten? Schaffen Sie das allein mit Zahlen, Daten, Fakten? Der Münchener Markenexperte Jon Christoph Berndt rät allen, die in ihrer Markenbildung noch am Anfang stehen, sie mögen ihre kleinen Macken pflegen, wie etwa im Hilton mit der Lieblingssporttasche einzuchecken oder innereuropäisch Eco zu fliegen. Daraus entstünde im Laufe der Zeit eine Glaubwürdigkeit, die als »in der Wolle gefärbte Echtheit in Vollendung« erkannt werde.[52] Das allein kann es sicher nicht sein, aber solche Eigenheiten tragen jedenfalls dazu bei, den Menschen hinter der Marke sichtbar zu machen, sodass Sie im entscheidenden Moment in den Köpfen der Zielgruppe bleiben. Wenn Sie graue Anzüge tragen, mit keiner Äußerung und keinem Handeln für Überraschungen sorgen, werden Sie bestimmt nicht anecken, aber Sie machen sich leider garantiert nicht unvergesslich. »Ich muss mich, wenn ich jemanden auch nur kurz getroffen habe, an den Typen erinnern können. Und zwar so, wie er auch will, dass ich mich an ihn erinnere«, fasst der Düsseldorfer Managementberater Jürn Konitzer zusammen.[53]

Überzeugen werden Sie die Menschen, an deren Erfahrungswissen Sie positiv andocken. Der Eindruck, den sie dabei hinterlassen, ist umso tiefer – also unvergesslicher –, je mehr Sie Ihr Publikum, Ihre Kunden oder Mitarbeiter emotional berühren. Nach der Power-Frau und Spitzentrainerin Sabine Asgodom, die im vorigen Kapitel beschrieb, wie sie mit Erzählungen Bilder in den Köpfen ihrer Zuhörer entstehen lässt, kommt nun der Speaker und Simplify-your-Life-Erfinder Tiki Küstenmacher zu Wort, der seine Vorträge mit vielen Zeichnungen unvergesslich macht. Auch bei Boris Grundl

Wir erinnern, was uns berührt

ist es eine Geschichte, die sich einprägt, fast möchte man sagen: einbrennt: Sein tragischer Unfall, der ihn an den Rollstuhl fesselt, der aber zugleich die persönliche Herausforderung war, die Grundl in die Lage versetzte, Antworten zur Menschenführung, so sein Slogan, zu geben.

Farblich hält Boris Grundl sich bei seinem Auftritt sehr zurück. Die Website in Blau-Grau ist in dieser Hinsicht mehr als dezent. Selbst der Zeichner Tiki Küstenmacher versucht – für unser Empfinden – nicht, mit Farbe Wirkung zu erzielen, obwohl er sein Ockergelb konsequent durchzieht. Wie umfassend präsent muss eine Farbe sein, damit sie eine emotionale Stimmung entfacht? Was können wir außer Logo, Grundton der Website und der PowerPoint-Folien noch dafür tun? Trainer, Speaker oder andere Selbstständige und Dienstleister, die aus Vertriebs- und Marketingaspekten heraus auch Kleidung bei allen beruflichen Auftritten in ihrer persönlichen Farbe tragen, sind eine Entwicklung dieses Jahrtausends, die noch nicht sehr weit verbreitet ist. Einen Namen hat das Kind aber schon: Impression Marketing[54] ist der Oberbegriff, der sich aus den drei Aspekten persönliches Verhalten, persönliche Kommunikation und persönliches Design zusammensetzt. Eine persönliche Farbe als Wiedererkennungsmerkmal ist sicher das stärkste Signal, das Sie im Personal Design aussenden können. Dass man damit Zeichen setzen kann, hat Vertriebstrainerin Gaby S. Graupner, mit der wir dieses Kapitel abschließen werden, als eine der Ersten in der Weiterbildungsbranche vorgelebt. Gaby Graupner ist »die Frau in Rot«.

Spielen Sie mit der Macht des Bildes

Werner Tiki Küstenmacher: »Worüber ich rede, das will ich sehen«

Gezeichnet habe er eigentlich schon immer, so der Simplify-your-Life-Erfinder und Theologe Werner Tiki Küstenmacher. »Ich habe im Unterschied zu anderen Kindern nur nie damit aufgehört.«

Bereits für seinen allerersten öffentlichen Vortrag im Alter von 15 Jahren arbeitete Tiki Küstenmacher mit Bildern. Sein Thema waren die Beatles. Er fotografierte Plattencover und Portraits der Pilzköpfe, malte mit Tusche Zwischentitel auf die winzigen Dias und zeigte zum gesprochenen Wort eine Dia-Show mit Musik. Denn eins wusste er schon als Jugendlicher: »Worüber ich rede, das will ich sehen.« Wie wirksam diese Herangehensweise ist, wird dem späteren Spitzen-Speaker und Bestsellerautor zu diesem Zeitpunkt nicht bewusst gewesen sein. Dass die visuelle Ebene beim Publikum viel nachhaltiger wirkt als das nackte gesprochene Wort, war dem jungen Beatles-Fan damals sicher noch nicht klar. Mittlerweile aber ist es sein Markenzeichen geworden. Seit rund 30 Jahren illustriert der Cartoonist und Autor der *Simplify*-Bücher, die in 40 Sprachen übersetzt wurden, seine Auftritte mit eigenen Karikaturen – mit 40 bis 50 Bildern pro Vortrag.

Wort und Bild, die beiden Aspekte seines heutigen Wirkens auf der Bühne, sind in seinem Erstberuf schon angelegt: Auch als evangelischer Gemeindpfarrer stand Tiki Küstenmacher auf einer Art Bühne und ließ sein Publikum in Bildern – nichts anderes sind doch die Geschichten aus der Bibel – erleben, wie die Botschaft Jesu auf das Leben des Einzelnen übertragbar sein könnte. Statt Cartoons waren es manchmal die bunten Kirchenfenster, die seine Predigten in der Kirche bebilderten. Augenzwinkernd sieht sich der Theologe Küstenmacher in einer Reihe mit Jesus, von dem er scherzhaft als »Karikaturisten-Kollege« spricht: »Jesus bringt abstrakte Begriffe, etwa das Reich Gottes, auf eine Metapher, wenn er sagt, es gleiche einem Weizenkorn, das in die Erde fällt … In meinen Augen ist es der wesentliche Beitrag, den ein Redner leistet: die alten Geschichten mit neuen Metaphern zu versehen.«

Die Macht des Bildes wird von den wenigsten Rednern voll ausgeschöpft. Und das, obwohl PowerPoint seit Ende der 1980er-Jahre seinen ungebremsten Siegeszug auf die Rednerbühne angetreten hat und die Arbeit mit Bildern so leicht machen würde wie nie zuvor. Nach Schätzungen von Microsoft werden weltweit täglich 30 Millionen Präsentationen mit Unterstützung von PowerPoint gehalten.

Zahlengrafiken und Textwüsten nehmen dabei jedoch den größten Raum ein. Fotos, Abbildungen oder Zeichnungen, die im Zeitalter von Google zu jedem Thema leicht zu finden wären, tauchen in den meisten Vorträgen nur vereinzelt auf. »Ein Jammer!«, meint Küstenmacher dazu.

Rückblickend hört sich die Entwicklung des ungewöhnlich bilderreichen Vortragsstils von Tiki Küstenmacher wie ein kontinuierlicher, zielgerichteter Verlauf an. Die Bilder durchzogen jede Phase seines Lebens. So polierte auch der junge Theologe studentische Paukkurse optisch auf, indem er Bibelszenen zeichnete, um Kompliziertes eingängig zu machen. Dies geschah anfangs aus reiner Begeisterung für das Bild und weniger aufgrund eines Bewusstseins über dessen Wirkung. Wie viel leichter die Bilder ihm sein Vortragsleben machen, wurde Tiki Küstenmacher erst in den frühen 1980er-Jahren bewusst. Es war die Zeit der Overhead-Projektionen. Der Begriff Präsentation zur Bezeichnung eines Vortrags war noch nicht in unseren Wortschatz eingezogen, als er als Redakteur im Evangelischen Presseverband für Bayern die ersten öffentlichen Vorträge zum Thema Neue Medien hielt. Küstenmacher erklärte den technischen Unterschied zwischen Kabel- und Antennenfernsehen – wie sollte es anders sein – mit Bildern. »Ich bin sicher, dass es nicht zuletzt auch meinen fröhlichen Zeichnungen zu verdanken war, dass die Vorbehalte in der Kirche gegen die Neuen Medien schnell geringer wurden«, freut sich der Missionar.

Bilder dienen dem Zauber

In dieser Zeit hat Tiki Küstenmacher noch Kopien von anderen Urhebern auf den Overhead-Projektor gelegt. Doch schon bald entdeckte er seine Vorliebe für einen durchgehenden Stil und landete bei ausschließlich selbst gemalten Zeichnungen. Heute sagt er: »In den Vorträgen dienen meine Bilder vor allem dem Zauber. Mit kaum einem anderen Stilmittel lassen sich die Zuhörer mehr mitreißen, bei der Hand nehmen und an einen Ort führen, als wenn ich das Gesprochene mit Bildern im besten Wortsinn untermale.« Diese Ergriffenheit ist sein Ziel. »Sonst könnten wir anstelle eines Vortrags gleich Zettel verteilen«, lautet Küstenmachers strenges Urteil. Ein Bild nehme den Zuschauer mit auf eine Reise. Es spreche im besten Fall alle Sinne des Menschen an. Ist ein Bild stark genug, rieche der Zuschauer den feuchten Waldboden und höre das Vogelgezwitscher. Ein Bild erhöhe die Bereitschaft, dem Redner in jedem Sinne des Wortes zu folgen. »In einem guten Vortrag sitze ich nur noch physisch auf meinem Stuhl, aber mit meinem Geist bin ich schon woanders.«

Simplify your Picture

Vielleicht überlegen Sie gerade, ob Sie dieses Kapitel überspringen sollen, weil Ihnen – wie zugegebenermaßen auch uns – zum Zeichnen weniger die Einsicht als vielmehr das Talent fehlt. Sie können aufatmen! Jede Art von Bild in einer Präsentation sei eine Anregung zum Eintauchen in einer anderen Welt, da ist sich Küstenmacher sicher. Ganz egal ob es eine Zeichnung ist, ein Foto, eine Darstellung aus der Kunst, ein Gesicht oder eine Abbildung von einem Gegenstand, der gerade im Vortrag erläutert wird. Darüber hinaus verbreitet sich der Zauber nicht nur über visuelle, sondern auch über gesprochene Bilder und Geschichten (siehe auch Kapitel 2 »Erzählen Sie Geschichten«). »Wenn mir einer etwas von einer Fabrik in Spanien erzählt, dann möchte ich diese bitte schön auch sehen!«, findet Küstenmacher. »Nur so bekomme ich ein Gefühl für die Anlage, ihre Größe und das Gebiet, in dem sie steht.« Gerade Fachleute würden jedoch häufig den Fehler begehen, allzu Bekanntes nicht visuell zu präsentieren. Menschen, die Produkte vertreten und eine Rede darüber halten, seien oft blind für das Bedürfnis des Publikums nach einem Bild, denn sie wüssten ja nur zu gut, wie dieses Ding aussieht. »Mein erster Tipp ist immer«, so Küstenmacher: »Das Selbstverständliche darf man auch noch einmal sehen.«

In seiner Zeit beim Evangelischen Presseverband entstanden seine ersten Bücher. Es waren wimmelige Comics über kirchliche Zustände und kleine biblische Bilderrätsel, mit denen sich Tiki Küstenmacher als Karikaturist einen Namen machte. Viele dieser Zeichnungen hat er daraufhin in seinen Vorträgen ausprobiert und festgestellt, dass längst nicht jedes Bild geeignet ist. Im Vortrag muss der Zuschauer das Bild sofort verstehen können. Simplify your Life – diesen Rat an seine Leser wendet er in Sachen Bilder auch selbst in seinen Vorträgen an. Oft zeigt der Speaker gerade auf der großen Bühne nur einen kleinen Ausschnitt aus einem Bild, um die Botschaft, die transportiert werden soll, deutlich und »konkurrenzlos« in den Mittelpunkt zu stellen.

Eine emotionale Übersetzung des Gesagten

Gerade weil das, was vom Auge ins Gehirn gelangt – wie zuvor beschrieben – nicht *die* Wirklichkeit, sondern lediglich ein Konstrukt davon ist, ist die Reduktion auf das Wesentliche so wichtig. Das äußere Bild ist nicht viel mehr als der Impulsgeber für das innere Bild, das im einzelnen Menschen entsteht. Die Assoziationen können dabei individuell sehr unterschiedlich ausfallen. Um die Aussagekraft eines Bildes und die Assoziationen, die es auslöst, zu überprüfen, macht Tiki Küstenmacher mit neuem Material zuweilen einen Testlauf des Vortrags vor Probepublikum. Er ermittelt dabei, wie viel Zeit der Zuschauer braucht, um sich in einem Bild zurechtzufinden. In der Regel zeigt er das Bild zunächst zu schnell. »Nicht wild hin und her zappen«, fordert der zeitweilige Fernsehredakteur, »sondern sich die Ruhe gönnen und dem Publikum die Chance lassen, im Bild Platz zu nehmen. Bei Bildern mit Pointe gönne ich den Zuschauern einen Moment Ruhe und rede nicht gleich weiter. Erst wenn alle ihren Aha-Effekt gehabt haben, sage ich etwas dazu.«

Während es in Küstenmachers Augen ein No-Go ist, PowerPoint-Texte wörtlich gesprochen zu wiederholen, dürfe und müsse man ein verwendetes Bild durchaus erklären. Das gelte nicht nur für Metaphern, Illustrationen und Cartoons, die das Gesagte auf ihre ganz eigene Weise visualisieren. Es gilt auch und gerade für reale Darstellungen. Küstenmacher gibt ein Beispiel: »Es spielt für das Publikum mitunter eine entscheidende Rolle, zu wissen, welche Art von Kindern auf dem Foto vor einer Baracke spielen: Sind das arme Straßenkinder oder sind es die Kinder eines Reichen, die nur heute hier spielen und schmutzig geworden sind?«

Als Theologe bereitet Küstenmacher seine Predigten am liebsten anhand der Theorie von Martin Nicol vor, dem zufolge eine gute Ansprache von der Kanzel einer Filmdramaturgie entspricht.[55] Seine Vorträge entwickelt er nach demselben Modell: »Erst beschreibe ich eine Landschaft, eine Szenerie, wenn man so will, das Umfeld, in dem die Geschichte spielt. Dazu reichen wenige Pinselstriche. In der Ferne landet ein Flamingo oder Wind, der durch die Palmen streicht. Wenn diese Atmosphäre steht, weiß der Zuhörer, wo er sich befindet. Dann erst lasse ich die Personen handeln.«

Die Kontinuität dieses bildhaften Hintergrunds, vor dem sich verschiedene Szenen abspielen, ermöglicht es dem Publikum, mitzugehen. Diese Atmosphäre ist die thematische Klammer des Vortrages. »Ähnlich wie bei einer guten BBC-Dokumentation, bei der der Moderator vor Ort ist und sich an dem Schauplatz befindet, wo das Thema angesiedelt ist, sollte auch eine Rede vor einem festgelegten Hintergrund stattfinden «, erklärt der Top-Speaker seine Vorgehensweise. »Dort in diesem Wald, wo vor Hunderten von Jahren eine bedeutende Schlacht stattgefunden hat, steht also nun der Moderator unserer Dokumentation. Und vor diesem Hintergrund kann er dann einen Exkurs wagen über einen theoretischen Sachverhalt, etwa die Lebenssituation der Völker dieser Zeit, ohne dass seine Zuschauer abdriften.«

Geplant hat Tiki Küstenmacher es nicht, dass er der Experte für Vereinfachungen in jedem Sinn des Wortes wird. Der Bestsellerautor ist lediglich treu seiner Begeisterung gefolgt. »Der schönste Moment beim Schreiben meiner Büchern ist es«, so Küstenmacher, »wenn ich endlich die Illustrationen zeichnen darf.« Der spirituelle Lebensentrümpler ist überzeugt, dass sich irgendwann für jeden von uns eine Chance auftut, die Arbeit mit etwas zu verbinden, das wir gern tun. Diesen Moment gelte es zu erkennen und zu ergreifen. 1998 bekam der Theologe und Medienmann Küstenmacher das Angebot, Chefredakteur eines Monatsheftes zum Thema Lebensvereinfachung zu werden. Wie in einem Puzzle, erzählt er, fügten sich seine Talente plötzlich zusammen. Er bekam den Zuschlag, weil er nicht nur schreiben konnte, sondern schon in der Bewerbung seine Karikaturen dazu präsentierte, die einen erheblichen Teil seines Konzepts darstellten. Seine Vortragstätigkeit war künftig nötig, um Werbung für das Blatt zu machen. Den sperrigen geplanten Titel »Glücklicher und einfacher leben« ersetzte er durch das englische Versprechen »Simplify your life«. Diese Monatshefte sollten seinem Leben eine neue Dimension geben. Nach drei Jahren bereitete er den Inhalt der Hefte für ein Buch auf, von dem damals keiner ahnte, dass es sich millionenfach würde verkaufen lassen.

In dieser Zeit – Tiki Küstenmacher hatte schon viele Jahre seine Vorträge illustriert und dabei »zur Auflockerung« einzelne Bilder live gezeichnet – wurde ihm durch das Feedback eines Kollegen bewusst, was das wirklich Außergewöhnliche an seinen Vorträgen ist. Sein Koautor Lothar Seiwert sprach nach einem Vortrag von einem »moment of excellence«, wenn eine Zeichnung live vor den Augen der Zuschauer entsteht. Seitdem sind in Küstenmachers Vortragsdramaturgie stets mindestens vier oder fünf Karikaturen eingebaut, die er direkt in Anwesenheit des Publikums zeichnet. »Ich könnte mir vorstellen, dass in vielen Menschen etwas schlummert – irgendetwas, das sie besonders gut können, wo sie anders sind als andere. Und jeder von uns braucht jemanden, der das sieht und sagt und der einem rät: Hier lohnt es sich, weiterzumachen!«

Der Akt, etwas entstehen zu sehen

Verschlungen sind die Wege in Tiki Küstenmachers Haus. Und zuallererst müssen wir aufpassen, nicht in eine riesige Baugrube zu fallen. Vor dem Haus wartet – offensichtlich schon seit einiger Zeit – ein Swimmingpool auf seine Vollendung. Drinnen gibt es dafür den besten aller uns zum Interview kredenzten Tees.

Susanne Petz/Gerd Kulhavy: Wie haben Sie entdeckt, dass das Entstehen eines Bildes eine große Wirkung auf das Publikum hat?
Werner Küstenmacher: Ich war schon immer besonders fasziniert, wenn ich jemandem beim Zeichnen zuschauen konnte, etwa bei den Karikaturisten auf der Karlsbrücke in Prag. Das ist für mich ein Genuss. In einem Vortrag habe ich das um 1980 bei Vera Birkenbihl erstmals erlebt. Sie hat mit zwei Overhead-Projektoren gearbeitet und schnelle, etwas wirre Handzeichnungen darauf gemalt. Aber das war toll! Es war ein visuelles Erlebnis. Ich habe damals sofort gespürt, was für eine Power das live gezeichnete Bild hat. Dabei muss das Bild nicht künstlerisch hochwertig sein. Der Akt, etwas entstehen zu sehen, hat enorme Wirkung.

Wie erklären Sie sich diese Faszination?
Man ist gespannt, weil man nicht weiß, was kommt. Ein unfertiges Bild ist immer ein Versprechen. Man ahnt, dass der Künstler das Bild schon im Kopf hat. Und jetzt lässt er es heraus.

Vermutlich gibt es nur wenige Redner, die sich das zutrauen …
Sie können diese Wirkung auch erzielen, wenn Sie nicht zeichnen können! Auch beim gesprochenen Wort gibt es die Möglichkeit, vor dem geistigen Auge des Betrachters, des Zuhörers, etwas entstehen zu lassen. Sie können mit nur wenigen Worten und Sätzen eine Szene kreieren. »Der Bulldozer kommt auf mich zu …« Damit die Worte wirken wie ein Bild, ist es wichtig, zu beschreiben: Wie ist das Setting, wo spielt es, am Tag oder in der Nacht, ist es warm oder kalt, schreit der andere oder flüstert er? Gute Redner können das. Da ist man genauso gebannt, als würde jemand zeichnen.

Finden Sie Ihren eigenen Slogan

Boris Grundl: »Dein Slogan ist so gut, wie die Selbsterkenntnis, die dahintersteckt«

»Ich hab's!«, rief Boris Grundl durch seine Wohnung in Bad Oeynhausen, sodass seine Frau erstaunt zu ihm kam. An diesem Abend im Jahr 2000 kam Grundl die zündende Idee. Damals war er als angestellter Vertriebsdirektor zuständig für die Vermarktung von Produkten aus dem Bereich häusliche Pflege. Er gab parallel schon Seminare und plante den Schritt in die Selbstständigkeit. An jenem Tag fuhr Boris Grundl aufgeregt in seinem Rollstuhl auf und ab und war total aus dem Häuschen. Damals verstand seine Frau nicht sofort, was das Wunderbare an seinem Geistesblitz war. Ganze drei Worte waren es, die ihr Mann gefunden hatte: Antworten zur Menschenführung. Das ist der Slogan, mit dem sich Boris Grundl seither als Speaker und Spitzentrainer einen Namen gemacht hat.

Der gebürtige Baden-Württemberger, der seit einem Sportunfall mit 25 Jahren 90 Prozent seiner Muskelkraft verloren hat, ist an Präsenz kaum zu überbieten. »Menschenentwickler« wird Boris Grundl in den Medien oft genannt. So wie er sich selbst vom perspektivlosen Querschnittgelähmten zum Vorbild der Menschenführung entwickelt hat, provoziert er auch sein Gegenüber ziemlich gnadenlos, nicht an der Oberfläche herumzuschwimmen, sondern die Tiefen des eigenen Selbst auszuloten. Denn das sei die Voraussetzung, wenn man einen Slogan finden möchte, der wirksam ist. »Damals in meiner Wohnung habe ich noch nicht nach meinem Slogan gesucht, sondern nach dem Satz, der meine Positionierung am besten umschreibt. Es ging mir darum, herauszufinden: Was ist meine Daseinsberechtigung? Was haben andere davon, dass es mich gibt? Und das ist ein großer Unterschied zu der Frage: Was will ich?«

Der Rugby-Paralympics-Teilnehmer und erste Rollstuhlfahrer, der ein Sport-Diplom an der Sporthochschule Köln gemacht hat, gibt gern zu, dass es ihm sein Schicksal leichter machte, sich so grundlegend mit sich selbst auseinanderzusetzen. »Ich musste durch meine große Aufgabe den Spaten in die Hand nehmen und tief graben«, drückt Grundl es in seiner bildreichen Sprache aus. Gleichzeitig fordert er von jedem, der Menschen führen möchte, sich diese Fragen zu stellen. »Den Slogan finden Sie nicht, indem Sie über das Thema nachdenken, das Sie am meisten bewegt. Einen Slogan, der wirklich trägt, kreieren Sie erst, wenn Sie den Kern des eigenen Seins durchdrungen haben«, so der Trainer, Speaker und Autor, der sein Wissen in der Grundl Leadership Akademie weitergibt.

Nah am Kern des Wirkens

Boris Grundls Berufslaufbahn begann damit, dass er Rollstühle ver-
kaufte, dann Messen für Produkte der häuslichen Pflege organisierte
und später Mitarbeiter für den Vertrieb der Produkte schulte. In der
Folge wurde er gefragt, ob er nicht auch andere Produkte vermarkten
wolle. Das war der Punkt, an dem der Mann, der aufgrund seiner Be-
hinderung eine Zeit lang auch auf Hartz IV angewiesen war, anfing,
über seine Selbstständigkeit und den Kern seines Wirkens nachzudenken. Er erinnerte sich an seinen Opa, der, als Boris 13 Jahre alt
war, zwei schöne Steine in die Hand genommen und ihm gesagt hatte, er habe das Zeug dazu, der größere der beiden Steine zu sein. In
der Rollstuhl-Rugby-Nationalmannschaft hatte Grundl im Unterschied zu den anderen ein Einzelzimmer. »Ich war ein Vorbild, eine Autorität. Ich gab die Richtung an. Das sind nicht die Menschen,
denen man sehr nahe sein will«, erzählt er heute. Wenn die Kollegen Probleme hatten, kamen sie zu ihm, aber auf ein Bier gingen sie
eher ohne ihn. Er las Peter Drucker[56], den in Österreich geborenen
und in die USA emigrierten Pionier der modernen Managementleh-
re, und setzte sich mit dem Thema Führung intensiv auseinander.
»Ich wusste, Fragen stellen kann ich und ich bin bereit, den Menschen Antworten zu geben. Dass ich eine ›Führungspersönlichkeit‹
bin, hatte ich im Sport und im Beruf schon bewiesen. Und so kamen
Führung und Antworten zusammen: Antworten zur Menschenführung.«

Die Resonanz auf seinen Fund war nach eigenem Bekunden furcht-
bar. Grundl hatte nicht nur Kollegen, Familie und Sandkastenfreun-
de um Feedback gebeten, sondern auch Leute, die ihm gar nicht na-
hestehen, wie den Bäcker um die Ecke. »Wenn man mit der Frage
nach einem Slogan schwanger geht, sollte man den Mut haben, viele Leute um Rückmeldung zu bitten, ohne alles gleich anzunehmen,
was dann kommt.« Das Wort Menschenführung löste teilweise Assoziationen an das Dritte Reich aus. »Es kamen viele Äußerungen,
die mich zweifeln ließen«, erzählt der willensstarke Mann. »Den
Tipp: ›Trenne dich von den Menschen, die dir deine Träume steh-

len‹ halte ich dennoch für völlig verkehrt! Solange es anderen gelingt, dir deinen Traum oder deinen Slogan zu stehlen, ist der Satz
nicht stark genug. Wenn er stark genug ist, kann ihn dir keiner mehr
nehmen.«

Auch negative Resonanz hilft

Oft sind es gerade die negativen Rückmeldungen, die Ihnen helfen
können, Klarheit darüber zu finden, wofür Sie wirklich stehen. Daran, wie emotional eine negative Rückmeldung Sie berührt, können Sie erkennen, wie eng die Verbindung zwischen Ihrem Slogan
und dem Kern Ihres persönlichen Wirkens ist. Dieser Blick von außen gibt Ihnen die Gelegenheit, zu überprüfen, wo Ihre Grundfes-
ten stehen und ob sie unerschütterlich sind. »Es kann sogar sein,
dass es nur ein Gefühl für diesen eigenen Satz – Ihren Slogan – ist,
das unerschütterlich ist. Vielleicht haben Sie aus dem Bauch heraus eine Wahrheit über sich selbst gefunden, die Sie erst viel später
in der Tiefe verstehen und argumentativ belegen können. Das wäre
kein Fehler, sondern ein sehr gutes Zeichen«, erklärt der ehemalige
Reserveoffizier bei den Fallschirmjägern. Auch die klassische Coa-
ching-Frage nach der Inschrift des eigenen Grabsteins, so Grundl,
tauge, um den Slogan zu überprüfen. »Für mich wäre das ein Treffer,
wenn da stehen würde: Er lebte Antworten zur Menschenführung«,
stellt der Trainer lachend fest.

Um zu beschreiben, welchen Stellenwert der Slogan in der Positionierung hat, benutzt Boris Grundl das Bild einer Zielscheibe: »Der
Name Grundl Leadership Akademie ist der äußere Ring, eine eher
nüchterne juristische Aussage. Der Slogan, Antworten zur Menschenführung, ist der mittlere Ring. Die drei Säulen, in die ich meine
Inhalte strukturiert habe – Wie führe ich mich selbst? Wie lasse ich
mich führen? Wie führe ich andere? –, sind der schwarze Punkt in
der Mitte.« Zu den drei Säulen hat er jeweils ein Buch geschrieben.
Seine persönliche Geschichte veröffentlichte er 2008 in *Steh auf! Be-
kenntnisse eines Optimisten* bewusst nicht als erstes, sondern erst als

zweites der Bücher. Zuvor ist 2007 das Führungsbuch *Leading Simple – Führen kann so einfach sein* erschienen.

Ein guter Slogan wirkt wie eine Affirmation

Wer sich daranmacht, einen eigenen Slogan zu entwickeln, hat dabei meist zuerst das Marketing und seine Kunden im Blick. Das ist zu eng gedacht. Denn das Instrument Slogan wirkt in beide Richtungen – nach außen und nach innen. Tonale Kommunikation hat eine enorme Wirkung auf unsere neuronale Prägung. Deshalb regt Boris Grundl an: »Prüfen Sie Ihren Satz, indem Sie ihn laut aussprechen. Vorausgesetzt, Sie haben für den Slogan Ihre Identität in der Tiefe freigeschält, wirkt der Slogan wie eine Affirmation auf Sie selbst zurück und stärkt Sie.« Wenn Sie Ihren Slogan in der Ich-Form sprechen, werden Sie sofort spüren, ob und wie die Worte auf Sie zurückwirken. Ob sie zu groß sind oder den Kern der Dinge nicht ganz treffen – oder ob sie wirklich passen.

Auch für die Wirkung nach außen gilt laut Boris Grundl: »Die Intensität der Selbsterkenntnis ist Ursache für die Intensität der Wirkung auf den Markt.« Der Trainer ist davon überzeugt, dass dauerhafter Erfolg anders nicht herstellbar ist. Deshalb könne es auch sinnvoll sein, die Arbeit am Slogan nicht zu überstürzen, weil man schnell am Markt positioniert sein möchte. Warten Sie lieber, bis Sie in der Selbstentwicklung einen hohen Grad an Klarheit erreicht haben. Erstens entwickelt sich der Slogan dann fast wie von selbst, zweitens ist die Gewähr größer, dass er Bestand hat und Sie den Prozess in zehn Jahren nicht noch einmal von vorn durchlaufen müssen.

Im besten Fall ein Brennglas

Oft sind es die alltäglichen Aufgaben, durch die wir uns davon abhalten lassen, das Wesentliche zu bearbeiten. Boris Grundl, dem durch seinen folgenschweren Badeunfall fast nichts anderes übrig blieb, als sich selbst zu ergründen, um Stärke zurückzugewinnen, ist 2001 mit dem Slogan in seine Selbstständigkeit gestartet, und »Antworten zur Menschenführung« hat bis heute Bestand. Doch eines änderte sich: Aus der Einzelfirma Grundl Seminare & Coaching wurde 2006 das Unternehmen Grundl Leadership Akademie. Der Umsatz, den er 2011 mit Training, Speaking, seinen Büchern und seiner Akademie erzielte, zeigt, dass sein Fokus auch nach außen erfolgreich passt. »Im besten Fall«, so Grundl, »wirkt der Slogan wie ein Brennglas und fokussiert alles auf den Hauptnutzen für Ihre Zielgruppe. Wenn Sie aber nicht wissen, was dieser ist, dann wirken Sie in Ihrem Auftritt nach dem Gießkannenprinzip« – viel tun, aber wenig effektiv.

Selbstverständlich hatte auch Grundl nicht von Beginn an das Brennglas in der Hand, »aber ein paar Löcher der Gießkanne waren schon zu«. Und wenn nach einem Seminar ein begeisterter Teilnehmer lobend zu ihm kam, fragte der »Menschenführer« genau nach, was für ihn besonders wichtig war. »Auch diese Antworten tragen dazu bei, sich immer mehr zu finden. Das ist wie bei dem Spiel Topfschlagen: Man hört vielleicht nicht immer auf die Zurufe der anderen. Dabei findet man das Töpfchen nur, wenn man genau hinhört.« Jedes Feedback kann eine Einladung zur Selbsterkenntnis sein, an die Sie die Angebote, mit denen Sie auf den Markt gehen, anpassen können. Ein Slogan ist kein Signal, dessen Impulse immer gleichbleibend wirken. Richtig verstanden ist die Arbeit mit einem Slogan ein Prozess, in dem Sie und Ihr Slogan über die Zeit zusammenwachsen. Umfassend begriffen habe er seinen 2001 entwickelten eigenen Slogan erst nach fünf Jahren, gibt Boris Grundl zu. Aber dann gingen die Umsatzzahlen steil nach oben. Es gehören Stärke und Selbstbewusstsein dazu, das durchzuhalten und dem einmal gefundenen Fixstern treu zu bleiben. Doch auf Schmeichler legt Boris Grundl keinen Wert. »Was Sie brauchen, ist ein klares Abbild der Realität: Wo bin ich toll, wo ein Depp? Je klarer ich mir über die Resonanz bin, die ich auslöse, umso konzentrierter kann ich als Brennglas sein.« So verstanden ist die Arbeit am Slogan der entscheidende Prozess der Selbsterkenntnis.

Ein guter Slogan ist immer größer als Sie selbst

Man hatte uns gewarnt: Sich mit dem Zug zu Boris Grundl auf den Weg zu machen ist wie eine Reise ans Ende der Welt. Er kommt zu spät, weil irgendein alltägliches Bedürfnis dazwischengekommen ist. Wir erleben, wie viel Kraft es einen Menschen kosten kann, die Jacke selbst auszuziehen, und empfinden einmal mehr großen Respekt für die Arbeit, die dieser querschnittgelähmte Mann leistet.

Susanne Petz/Gerd Kulhavy: Gibt es Slogans, von denen Sie restlos überzeugt sind?
Boris Grundl: »Nike – Just do it« hat mir sehr gefallen, genauso auch »Mercedes – Das Beste oder nichts« und »Jack Wolfskin – Draußen zu Hause«. Doch da merkt man, dass auch Slogans einem Zeitgeist unterworfen sein können. Ich hoffe, mein 2000 entwickelter Spruch, »Antworten der Menschenführung«, stellt sich einmal als zeitlos heraus.

Woran merken Sie, dass Ihr Slogan nicht mehr funktioniert?
Wenn ich feststellen würde, dass ich über »Antworten zur Menschenführung« hinausgewachsen bin. Aber ich glaube, dass die Anforderungen, die der Slogan an mich stellt, mich bei Weitem übersteigen.

Heißt das, ein guter Slogan muss größer sein als das, was ich wirklich leisten kann, und eine Herausforderung für mich bleiben?
Unterforderung ist langweilig, da werden Sie zum Klugscheißer, Besserwisser. Ein guter Slogan ist immer eine Behauptung, eine Idee, die einen Raum eröffnet. Er muss über mir stehen. Wenn ich sage, ich bin oder habe Antworten zur Menschenführung, dann wäre das arrogant. Ich sage aber, es gibt keiner so starke Antworten zur Menschenführung wie unsere Akademie.

Wie viel größer als ich selbst darf mein Slogan sein?
Sie können das mit Schuhen vergleichen. Sie müssen darin laufen können, ohne zu stolpern. Es muss noch Platz sein, sodass Sie hineinwachsen können. Wie bei einer Beförderung: Sie hoffen immer, dass der Neue die Verantwortungsgröße trägt, um mit den Schuhen laufen zu können. Im Wachstum muss man hoffen, dass rechtzeitig größere Schuhe zum Hineinwachsen bereitstehen.

Wie überprüfe ich, ob die Größe passt?
Durch die Resonanz, die Sie erhalten. Dafür muss man die richtigen Resonanzgeber finden. Ich muss kritisch hinterfragen, wen ich anziehe und warum. Wer sind meine Auftraggeber? Was sagen die Leute zu dem Nutzen, den ich ihnen biete?

Nutzen Sie die Kraft der Farbe

Gaby S. Graupner: »Mein Rot wirkt nach außen und nach innen«

Es gab eine Zeit im Leben der Verkaufstrainerin Gaby S. Graupner, da hat sie sich angepasst, was ihre Kleidung betraf. Sie trug grüne oder braune Hosenanzüge, hinsichtlich Farbe und Schnitt eher unauffällig. Das Einzige, was sie sich an Individualität und Weiblichkeit auch in dieser Zeit »leistete«, waren ihre hohen Hacken. »Ich war alleinerziehende Mutter dreier kleiner Kinder und wollte seriös wirken«, erzählt die Erfinderin des konsensitiven Verkaufens, bei dem der Konsens mit dem Käufer und die sensitive Wahrnehmung des Verkäufers gefordert sind. »Ich musste in zwei Drittel der Zeit denselben Umsatz schaffen wie meine männlichen Kollegen, die Fulltime arbeiteten. Ich wusste, das geht nur, wenn ich auf alles verzichte, womit ich unter Umständen anecken könnte, und mich anpasse.« Und dass das Nichtbeachten der geltenden Kleiderregeln ein Punkt sein kann, der einem das Leben schwer macht, das hatte die geborene Münchenerin schon in der Schule gelernt.

Heute trägt Gaby S. Graupner Rot. Kein blasses Rosa, kein dunkles Bordeauxrot, sondern vorzugsweise Knallrot. Egal ob es sich um einen Vortrag, ein Training oder um einen Kundenbesuch handelt, Gaby S. Graupner kommt im roten Kostüm. Oft trägt sie auch Schuhe und Handtasche in dieser Farbe. Selbst Ihre Unterlagen leuchten rot und sogar eine Wand in ihrem Büro ist rot gestrichen.

Seit 2008 stilisiert Gaby S. Graupner diese Farbe zu ihrem Markenzeichen. Ihr Rot hat sich in den Köpfen der Weiterbildungsbranche und vieler Kunden eingenistet. »Ich hatte mal einen Kundentermin, zu dem ich mich nicht rot anziehen wollte, weil ich hinterher ins Theater ging und zwischendurch nicht mehr nach Hause fahren konnte. Obwohl ich den Kunden vorher anrief und ankündigte, dass er sich nicht wundern soll, wenn ich heute ausnahmeweise mal in Grün zu ihm komme, war der Mann entgeistert, als er mich so sah.

Die Menschen reagieren darauf – positiv wie negativ. Es lässt niemanden gleichgültig«, so die Schlussfolgerung der Spitzentrainerin.

Was heute wie eine bewusst gewählte Marketingstrategie wirkt, hat die Trainerin und Rednerin mit ganz anderen Motiven begonnen. Die von Natur aus Rothaarige hat es zwar schon als Kind genossen, aufzufallen, ist in den Begrifflichkeiten von Persönlichkeitsanalysen, wie beispielsweise der Biostruktur-Analyse[57] oder Insights MDI[58], aber gar kein »roter Typ«. Als rot gelten in diesen Tools die durchsetzungsstarken und entscheidungsschnellen Leader. Gaby S. Graupner ist von ihrem Naturell her überwiegend »grün«, das heißt eine teamorientierte und anpassungsfähige Unterstützerin. Wenn sie auffällt, dann weil sie nett, fleißig, kreativ und gut organisiert ist.

Das erste knallrote Kostüm ließ sie sich nicht wegen dessen Wirkung auf andere, sondern wegen der Wirkung auf sich selbst schneidern: »Ich wollte Führung übernehmen und auch mal Nein sagen können. Das rote Kleid sollte mich daran erinnern. Ich hatte angefangen, in der Trainerszene vermehrt zu netzwerken. Ich wollte nicht mehr darauf warten, dass ich bei entsprechenden Events von Kollegen angesprochen werde, sondern selbst aktiv werden, auf Menschen zugehen und sagen: Hallo, hier bin ich. Das fällt mir in roter Kleidung viel leichter.« Was Gaby S. Graupner zunächst intuitiv begann, belegte Prof. Axel Buether von der Kunsthochschule Halle 2011 in einem Praxistest. In einem Versuch mit 500 Studenten untersuchte er, welche Assoziationen, Gerüche und Verhaltensweisen die Farben Rot, Blau und Weiß hervorrufen. Nach Auswertung aller 250.000 Fotos waren die Beteiligten vom Ergebnis selbst überrascht:

> »Wir haben festgestellt, dass Farben auf unsere Gesten wirken, auf unsere Mimik, auf das, was wir tun, welche Orte wir aufsuchen, mit welchen Dingen wir interagieren. Und je nachdem, was die Probanden, in dem Fall die Studierenden, für Farben anhatten, haben sie sich ähnliche Umgebungen ausgesucht, ähnliche Gesten benutzt. In der Auswertung haben wir erkannt, dass bei manchen Farben oft 100 Prozent, also alle Teilnehmer, gleiche Verhaltensweisen an den Tag gelegt ha-

ben. Wir merken also, Farbe wirkt auf unser Erleben und Verhalten und verändert letztendlich auch, wie wir der Welt begegnen.«[59]

Von der Macke zur Marke

Der Weg verlief also eher »von der Macke zur Marke, wie es in einem Buch von Monika Scheddin[60] heißt«, stellt Gaby S. Graupner in schonungsloser Offenheit fest. Dass sie ihre Schüchternheit inzwischen punktuell hinter sich gelassen hat, weiß sie spätestens seit ihrer Kandidatur als Präsidentin der GSA mit deren fast 700 Weiterbildern. Diese Wahl entschied sie nämlich nach einem nervenaufreibenden Kopf-an-Kopf-Rennen für sich. Gleichzeitig wird ihr immer wieder bewusst: »Man muss einfach viel weniger tun, wenn man knallrot angezogen ist. Die Menschen gehen anders mit dir um. Du musst dann nicht den Ton anheben, um Grenzen zu setzen oder das Publikum zur Ruhe zu bringen. Dir fliegt allein aufgrund des Rots mehr Aufmerksamkeit zu.«

Und das gilt selbstverständlich nicht nur für die Person, sondern auch für das Business. Graupner ist begeistert über die Wirkung, die ihre Farbe auf ihre Arbeit hat. Für so manch einen Kunden ist nicht zuletzt ihre Firmenfarbe ein Anstoß zur Kontaktaufnahme. Das gilt vor allem, aber nicht nur, für Firmen, die selbst das Rot im Logo haben. Auch Unternehmen, die auf ganzheitliches Markendesign großen Wert legen, fällt die rote Trendsetterin auf. So hat ein großer Konzern Gaby S. Graupner tatsächlich aufgrund ihres Rots als Trainerin entdeckt. »Als ich dort ankam, lief der Vorstand um mich herum, schaute mich von oben bis unten an und meinte dann erstaunt: Bei Ihnen ist ja wirklich alles rot! Ich sollte dann ein Angebot vorlegen, wie ich den Mitarbeitern vermittle, was es bedeutet, eine Marke zu leben.«

Bei der Vertriebsexpertin dauerte es knapp zwei Jahre, bis die Farbe von jedem, der mit ihr in Kontakt kam, wahrgenommen wurde. Das ist schnell und liegt vor allem an der Ganzheitlichkeit ihres Auftritts.

»Wer nur ein Accessoire wiedererkennbar in immer derselben Farbe benutzt, zum Beispiel einen Schal, eine Tasche oder ein Notizbuch, würde viel länger brauchen, bis sich das als Wiedererkennungsmerkmal durchsetzt«, ist sich die rothaarige Rednerin sicher.

Jedes Thema hat eine Farbstimmung

Muss die Farbe mit dem Inhalt der Dienstleistung korrespondieren, damit sie im Marketing Wirkung zeigt? Viele Markenexperten würden das ohne Zweifel bejahen.

Dass die Farbe Rot eigentlich auch zu dem Thema passen könnte, für das die Verkaufstrainerin Graupner steht, ist eine gute Fügung – nicht mehr und nicht weniger. Gaby S. Graupner hat ihre Farbe nicht danach ausgesucht. Rot steht zwar für Dynamik, für manch einen Menschen bis hin zur Aggression, ist aber auch die Farbe der Liebe, der Emotion. Graupners Thema, ihre Wortschöpfung konsensitives Verkaufen, bedeutet Zustimmungs-Verkaufen, also ein Verkaufen, das auf den Konsens und die Gefühle des Kunden ausgerichtet ist. Nicht verkaufen um jeden Preis, sondern mit Einfühlungsvermögen. Da ist das Rot gar nicht verkehrt.

Der Dame in den hohen Schuhen ist es aber wichtiger, dass die Farbe zu ihr selbst passt. Farblich möchte sie sich für den Inhalt nicht verbiegen. Bisher zieht Graupner in ihrem Gesamtauftritt keine Verbindung zwischen der Farbe und dem Thema. Derzeit denkt sie aber über einen neuen Slogan nach (bisheriger Slogan: Verkaufen ist die schönste Sache der Welt). Das könnte eine Möglichkeit sein, Thema und Farbe klarer aneinander zu koppeln. Doch auch wenn das nicht gelingen sollte: Gaby S. Graupner möchte ihre Farbe – sagt sie heute – nicht wechseln.

Sich selbst empfindet der Vertriebsprofi als überzogenes Beispiel dafür, eine Marke zu leben. Doch um als lebendes Vorbild im Seminar Wirkung zu entfalten, sei das Übertreiben ein probates Mittel. Diese Erkenntnis hat Graupner von ihrem einstigen Ausbilder bei Dale Carnegie, Hermann Scherer, übernommen: »Wenn du Teilnehmern einen neuen Weg vermitteln möchtest, ist das, als würdest du ein Zimmer in einer neuen Farbe streichen. Du musst viel Rot (= Input des Trainers) in den Farbeimer schütten, damit aus dem Weiß (= Vorwissen des Teilnehmers) Rosa wird.«

Die Farbe gibt den Ton an

Gleichzeitig hebt die eigene Farbe Gaby S. Graupner aus der Masse der geschätzten 40.000 Trainer Deutschlands heraus. Egal um welchen Weiterbildungskatalog es sich handelt, sie fällt allein schon optisch auf. Auch für Gruppenbilder, wie das Abschlussfoto einer Podiumsdiskussion, gilt: Gaby in Rot darf sich in die Mitte stellen und wirkt dann oft, als wäre sie die tonangebende Person. »Und wenn ich im ICE sitze, gehen manchmal fremde Leute an mir vorbei mit einem ›Grüß Gott, Frau Graupner!‹. Anfangs habe ich mich gefragt: ›Oh, müsstest du den kennen?‹« Meist handelt es sich jedoch um Menschen aus der Branche, die noch keinen persönlichen Kontakt mit ihr hatten, die Trainerin aber an der Farbe sofort erkennen. »Ich glaube, die Farbe macht mindestens 80 Prozent des Wiedererkennungswertes aus«, ist Graupner überzeugt.

Natürlich könnte es sein, dass die Strategie, sich in seiner Markenfarbe zu kleiden, sich eines Tages so herumgesprochen hat, dass sie keine Wirkung mehr entfaltet. »Davor habe ich keine Angst«, betont die Vorreiterin. »Ich habe mit meinem ganzkörperlichen Auftritt einen solchen Vorsprung, den holt so schnell niemand auf.« Bisher sticht noch jeder Trainer aus der Masse heraus, der seine Farbe in der Kleidung durchzieht, sei es die humorige Rednerin Margit Hertlein in Orange oder der Sound-Branding-Experte Karlheinz Illner mit seinen bordeauxroten Anzügen. »Hinzu kommt, ob Sie es glauben oder nicht: Es macht einen großen Unterschied in der Wirkung, ob jemand strategisch eine Farbe auswählt oder ob er oder sie die Farbe wirklich aus innerer Überzeugung trägt«, so die Lady in Red. »Ich liebe es. Und gleichzeitig ist es unwahrscheinlich einfach. Es ist extrem günstig. Kleidung brauche ich ja ohnehin. Andere Marketingmaßnahmen würden als zusätzliche Kosten anfallen. Ich mache nichts zusätzlich, keinen zusätzlichen Flyer, keine zusätzlichen Anzeigen, sondern alles nur auf meine Art. Da kostet Rot dann manchmal etwas mehr als Schwarz-Weiß. Aber dieser kleine Aufpreis lohnt sich!«

Bleibt die Frage, ob die rote Kleidung auch nach innen, also auf Gaby S. Graupner selbst, wirklich die gewünschte stärkende Wirkung hatte. »Meine Seele ist ›grün‹ geblieben, und wenn es hart auf hart kommt, siegt Grün, also die Hilfsbereitschaft, vor der Dominanz«, gibt die Trainerin unumwunden zu. »Aber nach außen kann ich heute, wenn es mir angemessen erscheint, auch ohne rotes Kostüm ›rot‹, das heißt in der tonangebenden Rolle auftreten. Wobei die rote Kleidung so sehr zu meiner Business-Uniform geworden ist, dass ich mich ohne wahrscheinlich nackt fühlen würde.« Und dass dies keine Frauen-Macke ist, wissen wir spätestens seit dem Gespräch mit dem Gedächtnistrainer Oliver Geisselhart (siehe Kapitel 2), der sich mit der falschen Klamotte auf der Bühne auch unwohl fühlt.

Meine Farbe gibt mir Energie und Dynamik

So hat uns kein anderer empfangen: Bei Gaby S. Graupner geht es mit einem Mittagessen los – mit einem, das sie in ihrer Firmenküche selbst (!) für uns zubereitet. Und dann können wir auch noch wählen, ob wir Fisch oder Fleisch wollen. Haben Sie so etwas bei einer Business-Verabredung schon erlebt?

Susanne Petz/Gerd Kulhavy: Wie schafft man das, eine Farbe wirklich als Markenidentität durchzuziehen?
Gaby S. Graupner: So etwas entwickelt sich Schritt für Schritt. Ich habe mit einem Kostüm angefangen, das zu meinem Lieblingskostüm wurde. Dann fängst du an, das zu kultivieren. Natürlich hatte ich nicht gleich die Handtasche, den Geldbeutel, die Wand in der Firma, das Logo … Das kommt erst mit der Zeit.

Erinnerst du dich an deinen ersten Auftritt in Rot?
Es war ein Event vom Business and Professional Women BPW e. V.
Ich sollte bei einem Netzwerktreffen einen Vortrag vor ungefähr
40 Frauen halten. Davor hatte ich ein wenig Angst. Frauen sind
manchmal ein schwierigeres Publikum als Männer. Bei denen ist es
oft schon die halbe Miete, gut auszusehen, um anzukommen.

*Was hat dich nach diesem ersten Auftritt bestärkt, beim Rot zu blei-
ben?*
Das war ein maßgeschneidertes Kostüm und ich habe mich wohl
darin gefühlt. Mir ging es gut damit. Ich habe gemerkt, dass mir
die Farbe Energie und Dynamik gibt. Doch danach habe ich das
erst einmal wieder vergessen, bis ein halbes Jahr später in der
Evangelischen Akademie in Tutzing eine Frau auf mich zukam und
mir sagte, sie hätte mich bei BPW-Treffen gesehen. Sie erinnerte
sich an das rote Kostüm und an meinen Slogan »Verkaufen ist
schön« – meinen Namen wusste sie jedoch nicht mehr. Das war
mein Aha-Erlebnis in Sachen Markenfarbe!

Was hat dieses Aha-Erlebnis bewirkt?
Ich habe angefangen, mich damit zu beschäftigen, wie man eine
Marke aufbaut, was eine Marke ist und so weiter. Von da an habe
ich alle Vorträge in Rot gehalten. Mittlerweile gehe ich im Business
nur noch in Rot raus. Doch das ist das Endergebnis, nicht der Anfang. Der Weg dahin hat zwei bis drei Jahre gedauert.

Der Leitfaden für Ihre Präsentation

Spielen Sie mit der Macht des Bildes

➤ Finden Sie Metaphern für Ihre Kernbotschaften.

Meine Umsetzung:

_____

_____

➤ Suchen Sie Bilder, die emotional berühren.

Meine Umsetzung:

_____

_____

➤ Nichts ist so selbstverständlich, dass es kein Bild wert ist.

Meine Umsetzung:

_____

_____

➤ Reduzieren Sie jedes Bild auf das Wesentliche.

Meine Umsetzung:

_____

_____

➤ Erklären Sie, was Sie in dem Bild sehen.

Meine Umsetzung:

_____

_____

➤ Lassen Sie Ihrem Publikum Zeit, im Bild Platz zu nehmen.

Meine Umsetzung:

_____

_____

So finden Sie den richtigen Slogan

➤ Fragen Sie sich nicht danach, was Sie wollen, sondern wofür Sie stehen.

Meine Umsetzung:

_____

_____

➤ Fragen Sie Ihre Kunden, welchen Nutzen Sie ihnen bringen.

Meine Umsetzung:

_____

_____

➤ Fassen Sie diese Aussagen in einem Satz zusammen und sprechen Sie ihn laut aus. Wie wirkt er auf Sie? Trifft Ihr Slogan Sie im Kern?

Meine Umsetzung:

_____

_____

➤ Holen Sie sich Feedback von vielen möglichst unterschiedlichen Menschen.

Meine Umsetzung:

_____

_____

➤ Ihr Slogan ist dann passend, wenn niemand die Kraft hat, Sie in Ihrem Glauben daran zu erschüttern.

Meine Umsetzung:

_____

_____

Nutzen Sie die Kraft der Farbe

➤ Ihre Farbe können Sie in der Kleidung, in jedem Accessoire, im Logo, im Claim, in Fotos und Videos einsetzen.

Meine Umsetzung:

_____

_____

➤ Je ganzheitlicher Ihre Farbe in Ihrem Auftritt sichtbar wird, desto stärker ist die Wirkung.

Meine Umsetzung:

_____

_____

➤ Finden Sie eine Farbe, die zu Ihrer Persönlichkeit passt.

Meine Umsetzung:

_____

_____

➤ Ist Ihre Farbe mit Ihrem Thema oder einem Aspekt Ihres Themas kompatibel?

Meine Umsetzung:

_____

_____

➤ Jede Inkonsequenz in der Anwendung mindert das Potenzial Ihrer Wiederkennbarkeit.

Meine Umsetzung:

_____

_____

4   Präsenz: Über den Tellerrand hinaus

Unternehmerisches Denken als Erfolgsprinzip

Je mehr Sinn Sie in Ihrer Arbeit über die Sicherung Ihres Lebensunterhalts hinaus finden und je mehr Möglichkeiten zur Entfaltung Ihrer persönlichen Potenziale sie Ihnen bietet, desto geringer wird die Bedeutung der Frage, ob Sie festangestellt oder als Unternehmer beziehungsweise Selbstständiger tätig sind. Wenn Sie sich mit Ihrer Arbeit identifizieren, sind Sie intrinsisch motiviert. Die

Jeder ist der Unternehmer seines Lebens

Wahrscheinlichkeit, dass Sie neben dem Drehen Ihres eigenen kleinen Rädchens auch den Erfolg und die Wirkung des großen Ganzen im Blick haben, ist hoch. Darüber hinaus werden die Grenzen zwischen freien Arbeitsverhältnissen und angestelltem Arbeiten ohnehin immer fließender und (lebenslange) Arbeitsplatzsicherheit gehört fast schon der Vergangenheit, den guten alten Zeiten an. Sich selbst als Unternehmer zu fühlen ist in unseren Augen nicht nur Akademikern in entsprechend komplexen Arbeitsfeldern möglich, sondern macht jede noch so einfache Tätigkeit interessanter und herausfordernder. Gleichzeitig ist diese Haltung im Zirkelschluss auch ein Garant dafür, sich selbst weiterzuentwickeln, statt beim erarbeiteten Status quo – sei es in Hinsicht auf den Arbeitsinhalt oder die persönlichen Fähigkeiten – stehen zu bleiben.

Das gilt sowohl für jeden Einzelnen von uns wie für ein großes Unternehmen: Wer erfolgreich sein möchte, hat mehr im Blick als sein Tagesgeschäft. Innerhalb von Unternehmen nennt sich das Intrapreneurship oder Binnen-Unternehmertum.[61] Statt der Tugenden Fleiß, Strebsamkeit und maximale Effektivität, die bei Über-betonung durchaus Scheuklappen hervorbringen können, sind Verantwortungsbewusstsein und Eigenverantwortung jedes Einzel-nen gefragt, wenn ein Unternehmen seine Flexibilität und seine In-novationskraft erhöhen möchte.

Für die Unternehmenslenker kommt es vor allem darauf an, den Mitarbeitern Freiheiten über die Stellenbeschreibung hinaus ein-zuräumen, eine offene Kommunikations- und Informationskultur zu pflegen und die Transparenz von Entscheidungen zu gewährleis-ten. Als gelungenes Beispiel für funktionierendes Intrapreneurship wird immer wieder Google angeführt. Neben zahlreichen flexiblen Vereinbarungen und einer modernen Arbeitsumgebung erlaubt der Konzern seinen Beschäftigten, 20 Prozent ihrer Arbeitszeit für per-sönliche Projekte zu nutzen – in dieser *Frei-Zeit* wurden Produk-te wie Gmail, Google Earth und Google Apps geboren. Angesichts dessen dürfen wir durchaus unterstellen: Die Arbeitseinstellung der Ideenentwickler ist dabei sicher kaum von der eines Selbstständigen zu unterscheiden, dessen Ideenreichtum – neben dem Kunden– nur dem eigenen Unternehmen dient.

Passen Unternehmertum und Hierarchie zusammen?

Positive Verstärkung ist die größte Triebfeder, wenn wir neues Ver-halten einüben wollen. Fühlen wir die Anerkennung und Wertschät-zung, sind wir in der Regel gern bereit, mehr zu leisten. Bei Ableh-nung oder Gleichgültigkeit hingegen stellen wir die Eigeninitiative rasch ein.[62] Ein konstruktives Feedback ist also das A und O, wenn Proaktivität statt Jasagertum in den Unternehmen gefragt ist. Doch liegt es wirklich nur an fehlenden positiven Rückmeldungen, dass gerade in Deutschland eigenständiges Denken und Handeln am Arbeitsplatz noch keine Selbstläufer sind? Der Wirtschaftssozio-loge Lutz Langhoff sieht hierzulande weitere Hindernisse, im Un-terschied beispielsweise zu den USA, wo der Intrapreneur einfach handle, auch wenn er es genau genommen nicht dürfe: »Hier bewegt sich der Intrapreneur eher in einer kopflastigen Hierarchie, in einem von oben nach unten gesteuerten Change-Prozess. Das erzeugt einen Widerspruch, weil unternehmerisches Denken nicht auf Anordnung einsetzt, sondern eine geistige Haltung ist, die in einer entsprechenden Unternehmenskultur gedeiht und ganz viel mit gegenseitigem Vertrauen zu tun hat. Aber genau da hapert es oft.«[63] Fakt ist: Selbstständige sind hierzulande nach wie vor zufriedener mit ihrer Arbeit als andere Erwerbstätige.[64]

Viele große Konzerne haben erkannt, dass unternehmerisches Denken sich nicht allein dadurch entfaltet, dass Bewerber es laut Stellenausschreibung einfach mitbringen sollen, und auch nicht dadurch, dass ein Teil der Vergütung erfolgsabhängig bezahlt wird. Sie haben daher ein Innovationsmanagement in ihre Strukturen implementiert. So managen bei Henkel in Düsseldorf sieben Mitarbeiter die Ideen der 52.000 Angestellten weltweit. Die Vorschläge, 2009 waren es 5500, werden per Intranet je nach Standort entweder an den direkten Vorgesetzten oder einen Ideenmanager geschickt. Dieser kümmert sich um die fachliche Bearbeitung und leitet erfolgversprechende Ansätze weiter. Auf diese Weise kam 2009 für den Düsseldorfer Konzern eine Reduzierung der Ausgaben um 6,5 Millionen Euro zusammen.[65] BMW sichtet pro Jahr über 40.000 Ideen seiner Mitarbeiter und spart in der Folge sogar 65 Millionen Euro jährlich. Eingerechnet ist hier zum Beispiel die Entwicklung eines neuen Klimageräts für den 5er-BMW, das ein findiger Ingenieur teils in seiner Freizeit zu Hause austüftelte und das inzwischen in Serie produziert wird. Durch die niedrigeren Planungskosten konnte sogar der Verkaufspreis des Automodells gesenkt werden.[66]

Mitdenken steigert die Rendite

Nicht immer sind es derart weitreichende Innovationen, die auf den Schreibtischen der Ideenmanager landen. Doch auch die vergleichsweise unspektakuläre Überlegung eines Auszubildenden, Druckvorlagen für Mitarbeiterverträge neu zu layouten, sodass inzwischen jedes Dokument drei Seiten kürzer ausfällt, hat in einer Größenordnung, wie ein Weltkonzern sie darstellt, eine enorme Auswirkung. Laut dem Deutschen Institut für Betriebswirtschaft (dib) wurden 2010 allein von den 176 an der dib-Studie »Ideenmanagement« teilnehmenden Unternehmen insgesamt 1,37 Milliarden Euro eingespart.[67] Die rund zwei Millionen Beschäftigten dieser Unternehmen entwickelten insgesamt 1,2 Millionen Ideen, von denen zirka zwei Drittel auch umgesetzt wurden. Mit einer Einsparung von 222 Millionen Euro konnte die Robert Bosch GmbH 2010 den größten wirtschaftlichen Nutzen vermelden, dicht gefolgt von der Deutschen Post, die ein ähnliches Ergebnis vorzuweisen hatte (zirka 200 Millionen Euro). VW (93 Millionen Euro) und Deutsche Telekom (68 Millionen Euro) lagen weit dahinter zurück. Durchschnittlich versuchten 21 Prozent der Beschäftigten, Produkte und Prozesse zu verbessern.

Wie viel Spielraum für Eigeninitiativen nehmen Sie sich?

Es gebe aber noch Spielraum nach oben, räumt Gabriele Wehler, Geschäftsführerin des dib, ein. Die Kreativität der Mitarbeiter werde nicht ausreichend gefördert. Es gelte, »das Gold in den Köpfen der Mitarbeiter«[68] zu suchen, so die Institutsleiterin. In einer Umfrage der Leipzig Graduate School of Management antwortete 2007 fast jeder sechste Arbeitnehmer, dass er sich in einer Arbeitsumgebung befindet, in der Kreativität fast gar nicht oder nur gering gefördert wird.[69] Erstaunlich, dass viele Unternehmen noch immer nicht verstanden haben, wie wichtig eine Unternehmenskultur ist, welche Mitarbeiter zu eigenständigem und eigenverantwortlichem Handeln wirklich einlädt.

Verschiedene Forschungsgruppen kommen zu ein und demselben Ergebnis: »Die Arbeitszufriedenheit sinkt.« Natürlich hat das auch mit der angespannten wirtschaftlichen Situation zu tun, aber die Konjunktur ist nicht der wesentliche Faktor. Klar ist: »Ein höherer Sinngehalt der Arbeit wirkt (…) positiv auf die Arbeitszufriedenheit«, so das Kölner Institut der deutschen Wirtschaft (IW). Interessant ist in diesem Zusammenhang das schlechte Abschneiden der deutschen Wirtschaft im internationalen Vergleich. Am zufriedensten sind dem IW zufolge die Dänen, gefolgt von Schweizern, Finnen und Österreichern. Deutschland liegt abgeschlagen und deutlich unter dem Durchschnitt, lediglich vor Ländern wie der Slowakei, der Ukraine, Weißrussland und Russland. Walter Scheurle, langjähriger Personalvorstand der Deutschen Post und Schirmherr der dib-Initiative »Ideen machen Zukunft«, fragt: »Wie lange können wir es uns noch leisten, den Gestaltungswillen unserer Mitarbeiter unzureichend anzuzapfen?« Dabei lebten hierzulande doch auch Pioniere, wie der Essener Großindustrielle Alfred Krupp, der seine Belegschaft schon 1872 – das Deutsche Kaiserreich steckte noch in den Kinderschuhen – aufforderte, »Vorschläge zu Verbesserungen« einzureichen und »Bedenken gegen die Zweckmäßigkeit getroffener Anordnungen« zu erheben.

Kann Intrapreneurship ziellos sein?

Heute wissen wir, dass ein Ideenmanagement zum Zwecke der Kostenersparnis und der Verbesserung von Prozessabläufen zu kurz greift, wenn Weg und Ziel wirklich die eigenverantwortliche Haltung eines jeden ist. Die Ursachen für den Mangel an Intrapreneurship in den Unternehmen sind unter anderem mangelnde Transparenz und ungenaue Angaben in Bezug auf die Unternehmensziele. Denn Eigenverantwortung und -initiative haben nur dann einen positiven Effekt, wenn das Ziel, das angesteuert werden soll, für alle verständlich, motivierend und sinnstiftend ist. Bei einem solchen Unternehmensziel – und entsprechenden Freiheiten in seiner Ansteuerung – könnte man nicht nur mehr Gewinne, sondern einen Effekt erzielen, der mit Geld gar nicht aufzuwiegen ist: eine höhere Identifikation mit der eigenen Arbeit, mehr Arbeitszufriedenheit des Einzelnen und Loyalität mit dem Unternehmen.

Freiwilligkeit als Garant persönlicher Erfüllung

Gleichzeitig entspricht eine eigenverantwortliche Haltung auch der großen Transformation, dem Wandel unseres wirtschaftlichen Systems (siehe Kapitel 1). Die wirtschaftlichen Organisationsformen verändern sich von geschlossenen zu offeneren Systemen. Starre Organisationen mit zentraler Steuerung sind immer weniger überlebensfähig und öffnen sich in Richtung Dezentralität und Flexibilisierung der Arbeitsprozesse. Die »Bedeutung der hierarchischen Führung«, so der deutsche Management-Vordenker Hermann Simon schon 2001, nimmt »rapide ab. (...) Der Aspekt der Freiwilligkeit rückt in den Vordergrund«.[70] Moderne Unternehmen, wie Gore, besser bekannt unter dem Markennamen Gore-Tex, die wiederholt unter den 100 besten Arbeitgebern Amerikas gelistet waren, haben Freiheit zum obersten Führungsprinzip erhoben. Es gibt bei Gore keine Weisungshierarchien. Vorgesetzte heißen hier »Sponsoren« und haben keine Mitarbeiter, sondern unterstützen ihre »Associates« dabei, gleichzeitig »persönliche Erfüllung« und »einen maximalen Beitrag für das Unternehmen« zu erbringen.[71] Unternehmerisches Denken ist damit nicht mehr nur Unternehmenslenkern vorbehalten – jeder ist dazu aufgerufen.

Einfach nur zu folgen ist für viele Menschen kein erstrebenswertes Handlungsmodell mehr. Wir wollen uns selbst führen, statt jemandem zu folgen. Doch Veränderung fängt bei einem selbst an, und nicht selten klafft zwischen Wollen und Tun eine Lücke. Wir jedenfalls ertappen uns immer wieder, dass wir zu hohe Ansprüche an die Produktivität und Effektivität unserer persönlichen Leistungen stellen – und zu wenig Zeit für Denken, Handeln und Wirken über den Tellerrand hinaus reservieren. Und Sie? Wie viel Freiraum genehmigen Sie sich denn wirklich für Ideen, deren Umsetzbarkeit nicht sofort ersichtlich ist, für neue Wege, von denen Sie noch nicht abschätzen können, ob es Abkürzungen oder Umwege sind, oder für Gespräche, von denen Sie gar nicht so genau wissen, warum Sie diese ausgerechnet jetzt führen wollen?

Viel Effektivität = wenig Change

Solange nicht nur der innere Schweinehund, sondern auch die Unternehmenskultur in vielen Betrieben diese Freiheiten hierzulande über Gebühr begrenzt, suchen immer mehr Menschen den Weg in die Selbstständigkeit als attraktiveres Lebensmodell. Sie wollen ihren unternehmerischen Tatendrang ausleben, ihre Karriere selbst in die Hand nehmen – und nehmen dafür das Risiko in Kauf, für Gedeih und Verderb ihres Handelns nur sich selbst verantwortlich machen zu können. Selbst bei den Existenzgründungen aus Arbeitslosigkeit heraus, so das Deutsche Institut für Wirtschaftsforschung (DIW), handelt es sich nur in einer sehr kleinen Minderheit um Fälle, die reine Notgründungen sind.[72] Das Motiv, sein eigener Chef sein zu wollen, treibt heute die meisten Unternehmensgründungen an. Das DIW spricht in Bezug auf diese Gründer von »Pull-Typen«. Und alle, bei denen dieses Motiv eine maßgebliche Rolle spielt, sind erfolgreicher als »Push-Typen«, also diejenigen, bei denen die Selbstständigkeit eine Reaktion, eine reine Notlösung ist.

Sie werden es ahnen: Wir präsentieren Ihnen hier selbstverständlich die Pull-Typen, Unternehmer aus Leidenschaft. Alle drei schauen und wirken dabei über den Tellerrand ihrer persönlichen Kernkompetenz hinaus. Sei es, indem sie Bücher schreiben und so eine breitere Zielgruppe erreichen, wie Thorsten Havener, sei es, indem sie ein Team um sich herum aufbauen und ihren Umsatz duplizieren, wie Andreas Buhr, oder Produkte generieren, um mit allen Sinnen zu wirken, wie Karl-Werner Schmitz. Alle drei waren in einem anderen Business unterwegs – oder haben es im Falle von Thorsten Havener zumindest mit der Ausbildung angestrebt –, bevor sie Trainer und Speaker in ihrem heutigen Bereich wurden. Mehrwerte haben sie als Unternehmer nicht nur für ihre Kunden geschaffen, sondern auch für sich selbst, indem sie die Erfüllung in ihrem Tun jeden Tag entdecken.

Autorität kommt von Autor

Thorsten Havener: »Schreiben hilft der eigenen Fokussierung«

Das Schreiben gehört ebenso zum Leben von Thorsten Havener wie die Bühne, von der er schon mit 13 Jahren wusste, dass er darauf stehen möchte. Der Gedankenleser, der 2011 mit seiner Show 200 Tage auf Tour war, hat zwei Dinge immer im Gepäck: sein Ideenbuch und einen Füller. In dieses Büchlein trägt der Entertainer und Bestsellerautor handschriftlich ein, was ihn bewegt und berührt. »Nur die guten Momente kommen da hinein, denn die Energie folgt der Aufmerksamkeit! Eine Szene aus einem Film, den ich gesehen habe, ein denkwürdiger Zufall, der mir passiert ist, oder eine Idee, die mir beim Lesen eines Buches kam ...«, erklärt der Mentalist.

Irgendwie war also klar, dass er eines Tages ein Buch schreiben würde, doch »vor meinem 50. Geburtstag wollte ich es eigentlich nicht machen«, erzählt Thorsten Havener. »Mein Ur-Bild von einem Autor ist ein Mensch wie Umberto Eco, ein Universalgelehrter, der viel weiß und sein Wissen in einer guten Geschichte verpackt. Da sah ich mich mit Mitte 30 noch nicht.« Dass das erste Buch, *Ich weiß, was du denkst*, des 1972 im Saarland geborenen Wahl-Müncheners dennoch schon 2008 erschien, liegt daran, dass der Rowohlt-Verlag auf den faszinierenden Durchstarter aufmerksam wurde. Innerhalb von nur zwei Tagen hat Havener, der um seine Experimente keine Geheimnisse macht, sondern sie seinem Publikum in den Büchern erklärt, zusammen mit der Lektorin eine Gliederung erarbeitet. Und dann schrieben sich die rund 200 Seiten innerhalb eines halben Jahres »fast von selbst«. Nicht zuletzt, weil der Entertainer in seinen vielen Ideenbüchern stöbern konnte. Eine weitere Quelle waren die Fragen seines Publikums und die Antworten darauf, über die er schon seit Jahren Buch geführt hatte. So kommt es, dass Thorsten Havener heute stolz sagen kann: »Jeder Gedanke in meinem Buch kommt von mir. Ich stehe voll dahinter.« Ghostwriting wäre für ihn nicht infrage gekommen.

Mittlerweile sind es drei Bücher, in denen der Gedankenleser seine magische Welt der Suggestion, Beobachtung und Wahrnehmung erklärt. Alle drei waren schon zu Beginn der Zusammenarbeit mit Rowohlt geplant. »Wobei das erste aus mir herausgeflossen ist. Das dritte Buch, *Denk doch, was du willst*, war harte Arbeit, gefällt mir aber am besten«, erzählt der Autor. Fast eine Million Exemplare hat er allein in Deutschland bisher verkauft. Bis auf Platz eins der *Spiegel*-Bestsellerliste kletterte sein Name. Fragt man ihn nach dem Einfluss, den die Bücher auf seinen Erfolg haben, antwortet Thorsten

Havener mehr als zurückhaltend: »Ich habe nicht für mehr Erfolg geschrieben. Erfolg hatte ich vorher schon. Wenn ich keinen Spaß daran hätte und nicht meinen würde, etwas zu sagen zu haben, hätte ich die Bücher nicht gemacht.«

Erst der Erfolg – dann das Buch

Im Unterschied zum Beispiel zu dem Unternehmer und Keynote-Speaker Andreas Buhr, der sagt: »Bücher sind Kompetenznachweise und helfen, neben der Performance zusätzlich Renommee aufzubauen«, muss in Haveners strengen Augen die Entwicklung andersherum verlaufen: erst der Erfolg, dann das geschriebene Werk. »Wer gleich zu Beginn seine Karriere mit einem Buch pushen möchte, kann das Thema meist noch nicht mit Tiefgang füllen.«

Es wundert uns, dass sich der Mentalist noch nicht reif dafür fühlte, ein Buch zu schreiben, als Rowohlt ihn fragte. Schließlich stand Thorsten Havener doch schon ein gutes Dutzend Jahre als Gedankenleser und Menschenversteher auf der Bühne, bevor er sich 2008 daranmachte, sein Wissen gedruckt weiterzugeben. Schon während des Sprachen-Studiums hatte Havener nebenher als Entertainer gearbeitet. Das Dolmetschen war übrigens sowohl für die Bühne als auch für die Bücher eine gute Grundlage: »Durch das Übersetzen habe ich gelernt, wie man rhetorisch etwas verpackt, wie man es schreibt und wie man es auf der Bühne erzählt. Als Konsekutiv-Dolmetscher schlüpfe ich in die Rolle des Menschen, den ich übersetze, auch wenn es seine Ideen sind und nicht meine. Ich stehe neben ihm auf der Bühne und muss mit nur wenigen Notizen die Rede des Sprechers später wiedergeben.«

Bücher geben mehr Sicherheit

Was genau die Bücher zu seinem Erfolg beigetragen haben, kann Thorsten Havener gar nicht sagen. Die Hallen, in denen der Entertainer auftritt, waren auch vorher schon voll. Sie seien vielleicht ein bisschen größer geworden. »Möglicherweise spreche ich durch die Bücher nun ein breiteres Publikum an«, vermutet der Autor sehr uneitel. Und mit etwas Nachdenken fällt ihm dann noch auf, dass er von den Leuten natürlich vermehrt erkannt wird, jetzt, wo seine Titel in allen großen Buchhandlungen ziemlich weit vorn liegt – mit seinem Konterfei auf dem Cover.

In jedem Fall erleichtern ihm die Bücher das Arbeiten, und zwar in mehrfacher Hinsicht: Zum einen stellen viele Zuschauer Fragen zu seinen Experimenten, die er nun nicht mehr einzeln beantworten muss, sondern auf die Bücher verweisen kann, zum anderen hat er seine Themen nun so strukturiert und in der Tiefe bearbeitet, dass er auf der Bühne noch sicherer ist. »Privat bin ich kein sehr strukturierter Mensch. Durch das Schreiben sind mir meine Themen und die Zusammenhänge jetzt noch klarer im Kopf. Ich kann auf Wortmeldungen aus dem Publikum sehr gut spontan reagieren. Es macht mich insgesamt sicherer, dass ich das alles einmal zu Papier gebracht habe«, erklärt der Entertainer und Bestsellerautor.

Ein wenig haben sich seine Shows durch die Bücher auch verändert. Thorsten Havener präsentiert nicht mehr die reine Unterhaltung, sondern liefert mehr Informationen. Eine Zeit lang hat er den Bogen sogar zu sehr in Richtung Vortrag gespannt. Es war sein Publikum, das dann wieder mehr den Entertainer forderte. »Da hatten sie recht. Speaking, das können andere auch. Ich bin kein reiner Speaker, sondern Entertainer«, gibt er zu. Dass ein Buch dazu beiträgt, den Autor in seinem Arbeiten seriöser und ernsthafter erscheinen zu lassen, sieht Thorsten Havener dennoch nicht so. Wenn die Seriosität in der sonstigen Arbeit nicht durchschimmere, dann könne ein Buch diesen Eindruck wohl kaum korrigieren. Seine Überzeugung ist: »Seriosität hat man oder man hat sie nicht.«

Mit der Arbeit an den Büchern und der differenzierten Auseinandersetzung mit seinen Themen, Bewusstsein, Beeinflussung und Beobachtung, ist auch Haveners Herangehensweise an seine Auftritte eine andere geworden. »Die Show besteht aus einzelnen Bausteinen.

Ich entscheide immer erst am Abend, was genau ich mache. Früher habe ich manchmal einfach gezeigt, worauf ich Lust hatte«, gibt der Entertainer zu. Nachdem er sich für die Bücher genau überlegt habe, wie er etwas so beschreiben könne, dass auch Menschen ohne Vorwissen sofort verstehen, worauf er hinaus will, sei diese Ausrichtung nun auch auf der Bühne präsenter. »Heute überlege ich mir viel präziser: Wo hole ich die Leute ab und wo soll es hingehen?«

Mit einem Buch legen Sie sich fest

Auch sein Bewusstsein von dem, was er erreichen möchte, hat sich verändert. Während der Bühnenkünstler lange Zeit vor allem unterhalten wollte, geht es ihm mittlerweile wirklich darum, den Menschen etwas mitzugeben und ihre Sicht auf das Leben ein wenig zu verändern. Dieser Gedanke hat ihn auch vor dem ersten Buch schon bewegt, aber jetzt ist der Fokus eindeutig: »Durch das Buch wurde mir klar, was ich ganz genau tun will. Sie legen sich ja auch fest, wenn Sie ein Buch schreiben. Das heißt, Sie sollten sich sicher sein, dass dies wirklich das Thema ist, für das Sie die nächsten Jahre stehen möchten.« Das kann auch Andreas Buhr bestätigen: »›Schreib ein Buch‹ heißt, du musst dich mit dir auseinandersetzen. Dies bringt Klarheit: Für welches Thema stehe ich?« Wer, wie Havener, Hunderttausende von Büchern verkauft, würde viele Erwartungen enttäuschen, wenn er dann auf der Bühne stehen und etwas ganz anderes machen würde.

Eine der Botschaften, die Thorsten Havener seinem Publikum näherbringen möchte, lautet: »Alle Macht kommt von innen.« Das heißt von Ihnen selbst, und es liegt an Ihnen, was Sie daraus machen und wie viel Macht Sie anderen geben. Deshalb ist es ihm auch so wichtig, dass das Buch zuerst ihn selbst als Autor erfüllt. »Das Buch muss in mir drin sein. Ich muss für das Thema brennen, es muss mir ein inneres Bedürfnis sein, meine Begeisterung der Welt mitzuteilen.« Wenn die Macht solchermaßen von innen komme, so die Überzeugung des Mentalisten, müsse man »nur noch« in der Lage sein, sich in den Leser hineinzuversetzen und so zu schreiben, dass der Funke überspringt. Viel PR hat er dann gar nicht mehr betrieben, damit die Bücher zum Erfolg wurden. Was sich leicht dahinsagt, wenn man auch vorher schon beliebter Gast in den TV-Shows war und eine eigene Sendung hatte. Dennoch bemerkenswert, wie wenig Aufwand der Entertainer in Sachen Marketing betreibt: Seine Facebook-Seite hat Thorsten Havener bis zum Sommer 2011 zum Beispiel gar nicht wirklich genutzt.

Und wie geht es weiter? Wann kommt Buch Nummer vier? »Wenn ich genug neue Erfahrungen gesammelt habe«, antwortet der gradlinige Menschenversteher. Und wenn er Lust hat. »Ich mache nichts, was mir keinen Spaß macht – außer Rasen mähen«, erklärt der Vater von drei Kindern, der sich für die nächsten Jahre vor allem vorgenommen hat, seine Kinder so oft wie nur möglich zu sehen und zu erleben.

Durch das Schreiben entsteht Tiefe

Der Mentalist Thorsten Havener scheint wirklich keine Geheimnisse zu haben, die er nicht preisgeben möchte. Zum Interview treffen wir ihn in einer kleinen Bäckerei nahe seiner Wohnung. Die Tische stehen nicht einmal einen Meter weit auseinander.

Susanne Petz/Gerd Kulhavy: Welchen Anteil haben die Bücher an Ihrer Arbeit?
Thorsten Havener: Mit dem Entertainment kann ich den Leuten zwei Stunden schenken, in denen ich sie in eine andere Welt entführe. Ich möchte mit der Show aber, dass sich in den Menschen wirklich etwas verändert. Die Bücher sind mein Angebot, etwas mit nach Hause zu nehmen, das sie am nächsten Tag selbst ausprobieren können und das vielleicht auch zu einer Veränderung beitragen kann.

Um welche Botschaft geht es Ihnen?
Alle Macht liegt in dir. Alle Macht kommt von innen. Mach nicht alles an Äußerlichkeiten fest. Wenn du etwas ändern willst, dann kannst du das, auch wenn es lange dauert und viele kleine Schritte nötig sind. Schau genauer hin, du wirst viel mehr entdecken. Telefoniere nicht gleichzeitig, während du noch etwas anderes tust

und schon neue Schritte überlegst. Wenn du mit jemandem redest, betrachte seine Rückmeldungen genau und du kannst viel besser mit ihm umgehen.

Sie standen 2011 rund 200 Tage auf der Bühne. Wie passt das Schreiben in ein solches Leben?

Das ist, wie wenn ich Gitarre spiele: Ich vergesse alles um mich herum und bin im Flow. Was ich dann formuliere und aufschreibe, das bekommt dadurch eine andere Qualität, mehr Tiefe. Gleichzeitig muss man für ein Buch auch präziser und klarer in seiner Struktur werden. Für mich ist die Struktur eines Buches die meiste Arbeit, das Schreiben geht dann recht schnell.

Wie wirkt diese Arbeitsweise auf Ihre Arbeit zurück?
Man hat sein Thema, sein Anliegen bewusster im Kopf, wenn man sich für ein Buch damit auseinandergesetzt hat. Ich bin dadurch noch viel mehr im Thema drin. Dass ich im Vortrag mal schwimme, gibt es heute nicht mehr.

Produzieren Sie Mehrwerte

Andreas Buhr: »Wer Umsatz multiplizieren will, braucht duplizierbare Produkte«

Als Unternehmer und Verkäufer scheint Andreas Buhr auf die Welt gekommen zu sein. Bereits während seines BWL-Studiums hat er angefangen, Finanzdienstleistungen zu verkaufen, und schon damals hat er Menschen für eine Zusammenarbeit gewonnen, die ihm zusätzliche Einnahmen bescherte, auch wenn er selbst nicht aktiv war. Nicht ausgeschlossen, dass die Freizeit das liebste Kind des Marathonläufers, Golfers und ausgebildeten Skilehrers ist, sodass er zu einem großen Teil auch deshalb immer unternehmerisch gedacht und gehandelt hat. Diese oder eine andere Antriebskraft war jedenfalls höchst wirksam und hat den sportlichen Schnelldenker beflügelt. Sie brachte ihn mit 28 Jahren an die Spitze eines der größten Finanzvertriebe Europas, machte ihn zur *Umsatz-Maschine* – so der Titel eines seiner Bücher – sowie zum Spitzentrainer und Keynote-Speaker.

Im Unterschied zu vielen Speakern und Trainern ist der St.-Gallen-Absolvent Buhr nicht so erpicht darauf, »für Geld ständig nur selbst aus der Torte zu springen«. Seine Devise lautet: »Wer Umsatz multiplizieren will, braucht duplizierbare Produkte. Speaking ist meine Leidenschaft. So weit, so gut. Besser noch, wenn auch der Verkauf von Produkten, von Trainings läuft.« Speaking diene dem Verkauf, so wie ein Popstar auch auf der Bühne steht und seine Musik-CDs sich on top verkaufen. Doch so wie es Popstars gibt, die weniger der Umsatz als vielmehr die Leidenschaft fürs Musikmachen auf die Bühne treibt, gibt es wohl auch Redner, die ohne das Spiel mit dem Publikum das Gefühl haben, zu verkümmern. Auch Andreas Buhr liebt dieses Spiel, aber gleichzeitig weiß der Chef der Go! Akademie: »Wer eine gute Auslastung hat und nicht darüber nachdenkt, wie er Pausen einlegen und sich selbst aus dem Business auch mal stärker herausnehmen kann, der wird nicht auf Dauer am Markt bestehen.«

Andreas Buhr beobachtet unter den Trainern vier Kategorien: 1. Diejenigen, die Kompetenz haben, aber zu wenig oder keine Aufträge, weil sie »nicht richtig positioniert« sind. 2. Diejenigen, die bis zu 40 Tage im Jahr arbeiten und dadurch »keine innere Spannung« mitbringen, zu sehr aus dem Off kommen und deshalb nicht wirklich überzeugen. 3. Diejenigen, »die mit bis zu 100 Tagen gut gebucht« sind, und 4. diejenigen, die dauerhaft mehr als 100 bis 200 Tage pro Jahr auf der Bühne stehen, dadurch im »roten Bereich drehen« und schlechter werden. Eine Unterscheidung, die sich problemlos auf viele selbstständige Dienstleister übertragen lässt. Ebenso wie die Lösung: Machen Sie den Umsatz von der eigenen Leistung unabhängig. Und: Machen Sie die eigene Leistung durch andere ausführbar. »Wenn ich als Einzeltrainer unterwegs bin, habe ich immer ein Limit: mein persönliches Zeitkontingent«, bringt der Unternehmer das Problem auf den Punkt. Andreas Buhr hat 2011 ganze 10 Prozent der von ihm verkauften Trainingstage selbst geleistet, der überwiegende Teil wurde von den 25 Trainern übernommen, die mittlerweile nach seinem Trainingssystem arbeiten. Insgesamt sollen es nicht mehr als 100 Einsätze sein, für die der Vater zweier Kinder und engagierte Freizeitsportler jährlich unterwegs sein möchte. Ein Drittel davon sind derzeit Trainings. Die meiste Zeit steht der sympathische Glatzkopf als Speaker auf der Bühne.

Den Übergang von der Finanz- in die Weiterbildungsbranche hat der Vollblutunternehmer mit Bedacht langsam vollzogen. Zu Beginn hielt Buhr nur nebenberuflich Vorträge. Erst 2006 ist er Vollzeit in die mit einem Partner gegründete Firma eingestiegen. Groß gedacht hat er aber vom ersten Tag an. Allein anzufangen und alles an seiner Person aufzuhängen, so wie es die meisten Trainer zunächst tun, kam für ihn von vornherein nicht infrage. Natürlich schießt einer wie Buhr dabei zu Beginn auch einmal über das Ziel hinaus: »Ich wollte von Anfang an Unternehmen als Kunden, die eine gewisse Größe haben. Also habe ich, nachdem ich meine Trainerausbildung abgeschlossen hatte, als Erstes an Jürgen Schrempp geschrieben, den damaligen Vorstandsvorsitzenden von Daimler-Benz – und mir natürlich eine Absage eingehandelt ...«

Einer One-Man-Show wird kein Volumen zugetraut

Dabei ist der Ansatz durchaus richtig. Einzelunternehmern werden keine größeren Volumen zugetraut, sie erhalten eben auch nur Einzelaufträge. Sie müssen schon ein Team um sich haben, um Aufträge in anderen Größenordnungen an Land zu ziehen. »Ich bin dann an mittelständische Unternehmen mit der Idee herangetreten, dass diese mich ihre ganze Firma trainieren lassen. Und ich hatte Glück«, erzählt der gebürtige Westfale. Gleich sein erster Kunde hat für 20 Tage unterschrieben, mit der Perspektive, auch 40 oder 60 Tage daraus zu machen.

Gerade wer sich als Selbstständiger eine neue Existenz aufbaut, bemüht sich oft, den ersten großen Auftrag noch ganz allein zu bewältigen. Schließlich winkt dann auch ein höherer Gewinn. Doch das ist kurzfristig gedacht. »Ich wusste gleich: Wenn ich mich mit 60 verkauften Tagen an nur einen Kunden binde, dann bin ich krank, wenn der hustet. Etwas weiterzureichen fällt mir nicht schwer – solange mein Logo draufsteht«, sagt der Unternehmer schmunzelnd. »Ich habe gleich vom Kuchen abgegeben, selbstverständlich auf eine Art und Weise, die auch für mich interessant geblieben ist.«

Gleichzeitig stellt auch Andreas Buhr fest, wie stark sein mittelständisches Unternehmen immer noch auf ihn als Person zugeschnitten ist. Es ist eben gar nicht so leicht, Kollegen mit initiativem und gestalterischem Format loyal an sich zu binden, ohne kontinuierlich viele Gehälter finanzieren zu müssen. Jeder seiner Trainer ist zusätzlich auch auf eigene Kappe unterwegs, das heißt, dass die Interessen der Go! Akademie nicht immer die erste Priorität haben. Andererseits hängt auch die Qualität der Akademieleistung daran, dass beide Seiten sich wirklich öffnen und ganz einbringen. »Immer noch drehen hier zu wenige Menschen die Räder und die Mehrzahl arbeitet Aufträge ab«, so Buhr selbstkritisch. Andreas Buhr möchte im nächsten Schritt auch die Verantwortung auf mehrere Schultern verteilen. »Deshalb habe ich ja als Akademie begonnen«, betont der Vertriebsprofi.

Durch andere hindurch nach außen wirken

Einen wichtigen Schritt in diese Richtung hat der Vollblutunternehmer getan: Aus dem eigenen Ansatz zum Thema Vertrieb hat er ein System entwickelt, nach dem auch andere Trainer arbeiten können. Sein ehrgeiziges nächstes Ziel sind 1000 Trainertage pro Jahr für die Go! Akademie. Das geht nur mit einem standardisierten Trainingssystem, das sich die Trainer einerseits selbst zu eigen machen und andererseits auf den jeweiligen Kunden zuschneiden oder »customizen«, wie es im Fachjargon heißt. »Das Training wird zusätzlich unique durch den Trainer. Das Ziel des Trainings muss jeder erreichen, der für uns zum Kunden geht. Aber jeder macht es auf seine Weise. The medium is the message«, erklärt Buhr seine Philosophie. Und das ist gleichzeitig die Krux: Wenn der Trainer die »message«, also die Botschaft ist, dann ist das Geschäft eben doch oft an den Menschen gebunden, dessen Erfahrungsschatz und Zeit der jeweilige Kunde kaufen möchte. Ein Trainingssystem muss die Seele seines Erfinders noch atmen – auch wenn es von anderen Kollegen umgesetzt wird.

Sein Kollege Boris Grundl (siehe Kapitel 3), der ebenfalls mit dem Thema Vertrieb gestartet ist und heute im Bereich Leadership mit eigener Akademie arbeitet, sieht diese Herausforderung ähnlich: »Man fängt als Trainer meistens allein an und man produziert kraft seiner persönlichen Identität die Ergebnisse in Training, Coaching und Speaking. Dadurch entsteht die Marke. Wer jedoch weiter wachsen will, muss zeigen, dass die Marke durch die anderen – die Trainer, die für dich arbeiten – hindurch nach außen wirkt.«

Trainingssysteme als Umsatzmaschine

Ein Buch ist in den Augen von Andreas Buhr notwendig, um durch den Prozess des Schreibens Klarheit über das eigene Thema zu finden. Doch Buch oder Hörbuch und Podcasts seien nur im seltensten Fall eine Chance, den Umsatz unabhängig vom persönlichen Einsatz zu erwirtschaften. Diese Produkte machen bei Buhr erst 8 Prozent vom Umsatz aus. »Das Marketingbudget der Go! Akademie ist momentan höher als die Einnahmen durch diese Produkte«, erklärt der Unternehmer mit Plänen zu Veränderungen in seiner Schublade. Echtes Potenzial, einmal ein nennenswerter Baustein des Umsatzes zu werden, hat der Vertrieb von Trainingssystemen, welche die Unternehmen selbst anwenden können, die regelmäßig in Inhalt und Form für den Kunden aktualisiert werden und dadurch auch immer wieder Margen abwerfen. »Bisher arbeiten wir und unsere Trainer zwar mit unseren Trainingssystemen, wir haben sie aber noch nicht als Produkte im Verkauf. Was sich bald ändern wird. Wir denken in diesem Zusammenhang auch über Mitgliedschaften nach und darüber, eine eigene Community zu bilden«, erklärt der Spitzentrainer.

Warum sind es nur so wenige der geschätzten 40.000 bis 50.000 Trainer, die gleichermaßen unternehmerisch arbeiten wie das Düsseldorfer Energiebündel? Liegt es einfach nicht in der Natur eines

Trainers? Wer mit Leib und Seele Trainer ist, der schätzt 1. seine Unabhängigkeit – und nimmt dafür ein Leben als Einzelkämpfer in Kauf – und steht 2. gern selbst im Mittelpunkt, um sein Wissen weiterzugeben. Das ist eine ganz andere Tätigkeit, als im Büro zu sitzen, Mitarbeiter zu koordinieren und unternehmerisch Prozesse zu steuern. Zu einem großen Teil ist auch Andreas Buhr aus diesem Holz geschnitzt. »Wenn Sie mich fragen, was ich lieber mache, dann ist das der Vortrag. Das fällt mir total leicht. Das Unternehmerische, da fühle ich mich manchmal auch wie ein Ackergaul. Nur mit einem Vortrag oder zwei Tagen Training, damit allein wird jede Nachhaltigkeit zur Farce ... «, so der Unternehmenschef. Um eine Veränderung zu erreichen, müsse man in Intervallen an den Themen dranbleiben. Kontinuität ist Trumpf! Und es befriedigt ihn eben auch, wenn er miterleben kann, dass eine Saat beim Kunden wirklich aufgeht.

Ich will ein Need-to-have auslösen

Andreas Buhr ist bestens vorbereitet. Gleich drei Kollegen hat er angerufen, um vorab zu erfragen, welche Art von Interview ihn denn da erwartet. Das wissen wir zunächst natürlich nicht und wundern uns ein wenig, als er zur Begrüßung der ihm unbekannten Susanne Petz fast um den Hals fällt ...

Susanne Petz/Gerd Kulhavy: Eigentlich ist es doch erstaunlich, dass so viele Trainer nur als One-Man-Show unterwegs sind.
Andreas Buhr: Jemand, der Umsatz unabhängig von der eigenen Person generieren will, muss sich zunächst fragen: Bin ich bereit, Unternehmer zu sein? Oder will ich Seminare geben? Trainer und Speaker mögen den Applaus. Aber der ist morgen vorbei. Sie wirken nicht wirklich: Sie gehen hin, machen etwas und gehen wieder weg. Ob das zu Verbesserungen führt? Ich saß als Unternehmer 25 Jahre lang auf der anderen Seite und habe in meiner Zeit als Finanzdienstleister Trainer und Speaker gebucht. Immer wieder ging mir durch den Kopf: Was bringt es, wenn ich die für viel Geld da vorn hinstelle? Speaking, das ist nice to have, aber nicht need to have. Ich selbst will ein Need-to-have auslösen. Heute ist Speaking für mich ein erster Schritt, aus *nice to have* ein *need* zu machen. Danach soll, nein: muss es beim Kunden weitergehen!

Vielleicht sind Sie von Ihrer Mentalität her eben eher Unternehmer als Trainer?
Wenn ich für mich zurückdenke: Ich habe mit 15 Jahren Nachhilfe in Mathe und Englisch gegeben, obwohl ich in der Fächern in der 8. Klasse noch blaue Briefe bekommen hatte. Dann war ich bei der Bundeswehr zwei Jahre lang Ausbilder und als Student war ich Tutor für Mathematik an der Uni Bielefeld. Ich konnte schon immer, wenn ich etwas wirklich begriffen hatte, schwierige Zusammenhänge auch anderen gut erklären. Und ich kann es heute so erklären, dass sowohl Vorstände als auch Straßenkämpfer verstehen, worum es geht. Meistens jedenfalls.

Was ist Ihre Leidenschaft?
Wenn ich mir etwas aussuchen dürfte, dann: ein Vortrag mit 1000 Teilnehmern. Bürokram ist mir oft Klein-Klein und lästig. Aber nur Speaking, nur Applaus, das ist eben zu wenig. Ich möchte nachhaltig wirken können. Ich möchte, dass der Kunde eine Veränderung, eine Verbesserung erzielt auf seiner Seite: Stimmung und Erfolg bedingen sich gegenseitig. Im Ergebnis muss der Umsatz nach oben gehen – Punkt. Ein Training allein reicht nicht aus, da muss ein ganzes System, ein Intervallprozess dran aufgehängt sein. Bei uns heißt das: Präsenztrainings, Webinare, Bücher, Coachcast, unser Businessmagazin www.go-coachingbrief.de und eine Hotline. Unser Training muss als Teil eines Führungsprozesses gemeinsam mit dem Kunden gelebt werden. Das wird kommen, bessere Ergebnisse bringen und die Investition lohnt sich für alle! Das ist dann auch meine innere Befriedigung – zu sehen, dass die Dinge wirklich laufen. Ich zünde mit einem Vortrag das Feuer an und dann setzen wir strukturiert einen Prozess auf.

Alle Sinne kaufen mit

Karl-Werner Schmitz: »Ich muss die Dinge be-*greifen* können«

Wie fast alle erfolgreichen Trainer und Speaker hat Karl-Werner Schmitz, der Erfinder der haptischen Verkaufshilfen, zunächst einen ganz anderen Beruf erlernt. Schmitz ist Fernmeldetechniker. Sein Faible für den Tastsinn, für dessen Nutzung in Marketing und Vertrieb er sich seit vielen Jahren einsetzt, zeigte sich schon in der Ausbildung – auch wenn ihm selbst diese Verbindung bis zu unserem Interview gar nicht bewusst gewesen ist. Als Lehrling fertigte er ein Passstück aus Metall mit der unvorstellbar geringen Toleranzabweichung von 0,0004 Millimeter an, was selbst seine Ausbilder kaum für möglich gehalten hatten. Auch in der Freizeit des Jugendlichen spielte die Präzision der »Hand-Arbeit« eine herausragende Rolle: Als Billardspieler schaffte es Schmitz bis in die Bundesliga. Und das ist, so erklärt der heutige Spitzentrainer, »ein feinmotorisch hoch präziser Sport, mehr noch als das Bogenschießen«.

Gut rechnen konnte der jugendliche Vollblut-Haptiker Schmitz aber auch schon. Nachdem er realisierte, dass selbst die altgedienten Spezialisten, die ihn ausbildeten, nur 12 D-Mark pro Stunde nach Hause brachten, entschied der kölsche Jung kurz nach seiner Ausbildung, der Fernmeldetechnik den Rücken zu kehren. Schmitz wurde Versicherungsvermittler. »Zehn Jahre lang habe ich als Versicherungsvermittler und Agenturinhaber nichts mehr getan, womit meine Finger beschäftigt waren«, erinnert sich Karl-Werner Schmitz. Doch er hat in der Zeit viele Trainings besucht – von Verkaufstrainings sprach man in den 1970er-Jahren bis Anfang der 1980er-Jahre noch gar nicht – und hat in den Fortbildungen die seltenen Hinweise auf das haptische Lernen[73] aufgesogen wie ein Schwamm.

Wahrscheinlich hätte seine Sehnsucht nach dem Begreifbaren unter den heutigen Alltagsbedingungen des Informationszeitalters noch viel schneller zur Erfindung der ersten haptischen Verkaufshilfe geführt. Hat doch die Dominanz des Wortes, der audiovisuellen Reize und der medialen Information in unserer Gesellschaft in rasender Geschwindigkeit zugenommen. Sind unsere nicht genutzten haptischen Sinne, wozu neben dem Tastsinn auch der Riech- und der Geschmackssinn zählen, vielleicht längst schon verkümmert? »Der Mensch hat immer fünf Sinne auf Empfang«, ist Schmitz überzeugt. »Wer möchte, dass die Kunden sich an ihn und seine Dienstleistung erinnern, sollte nicht nur Ohren und Augen ansprechen, sondern braucht ein Produkt, das seine Dienstleistung verkörpert. Die Erinnerung hat dann einen be-*greifbaren* Anker, der sich im Gedächtnis *mani*-festiert«.[74]

Heute generiert Karl-Werner Schmitz seinen Umsatz zu 50 Prozent – laut eigenen Angaben Tendenz steigend – über den Vertrieb seiner haptischen Verkaufshilfen. Er kommt damit dem Ziel näher, das Trainerkollege Andreas Buhr, so wie jeder gute Unternehmer, im Visier hat: Umsatz unabhängig von der persönlichen Leistung zu erwirtschaften. Kreiert hat er sein erstes Objekt zusammen mit seinem damaligen Partner Manfred Bergfelder. Die zwei Haptiker fuhren gemeinsam von einem Verkaufstraining in Bayern zurück nach Köln. Der Seminarleiter hatte von der Beteiligung des Tastsinns am Lernen gesprochen. Und den beiden Männern ging im Auto die Idee nicht mehr aus dem Kopf, dass sie gerade für ihr wenig anschauliches Thema Versicherung den Kunden künftig etwas mitgeben möchten, das diese be-*greifen* und körperlich wahrnehmen können, um zu verstehen, welche Versicherung sie wirklich brauchen.

Am Anfang stand ein Wackelmännchen

Aus diesem Grund entwickelten die Versicherungsmakler zum Thema Einkommensabsicherung ein Männchen, das in einem Sockel verankert ist, der sich wiederum in einzelne Teile zerlegen lässt. Das Männchen ist unten abgerundet, sodass es allein keinesfalls stehen kann, was übertragen heißen soll: Der Mensch fällt um, wenn die Arbeitskraft wegfällt. Die unterste Ebene des Sockels bildet die gesetzliche Versorgung, also die Mindestabsicherung. Damit kann das Männchen zwar wieder stehen, aber es ist recht wackelig auf den Beinen. Etwas stabiler wird das Ganze mit der zweiten Ebene des Sockels, der Kapitalrente oder Berufsunfähigkeitsrente. Und felsenfest steht die Figur, wenn die dritte Ebene des Sockels sie umgibt, die Unfall- und Krankentagegeldversicherung. »Eine Aussage – hier: Ohne den nötigen privaten Schutz haben Sie im Notfall nicht genügend Halt – auf diese Art und Weise körperlich erfassen zu können macht diese fast unangreifbar.« Die positive Wirkung bekam Karl-Werner Schmitz in zahllosen Verkaufsgesprächen zu spüren. »Während wir Menschen manchmal nicht glauben, was wir hören, zweifeln wir nicht am Wahrheitsgehalt, wenn wir etwas mit den Händen er-*fassen* können.«

Selbstverständlich ließ der Versicherungsmann seine Gesprächspartner diese Erfahrung selbst machen. Dazu braucht es nicht viel. Der menschliche Spieltrieb reicht auch bei Erwachsenen aus, wie wir selbst im Interview feststellen konnten. Liegt der Bausatz auf dem Tisch, nimmt man ihn in die Hand und will ausprobieren und erleben, wann das Männchen umfällt oder wackelt und ab wann es von einem wirklich stabilen (Versicherungs-)Schutz umgeben ist. »Sie werden es nicht glauben: Fast alle Kunden finden es unerträglich, wenn das Männchen umfällt, und setzen das Podest wieder zusammen«, ergänzt Schmitz. Und so macht die körperliche Erfahrung aus einer abstrakten Information eine begreifbare Wahrnehmung und damit eine Wahrheit: Ich will nicht umfallen, wenn ich eines Tages nicht mehr arbeiten kann! Klar, dass eine solche Erfahrung das folgende Verkaufsgespräch erheblich erleichtern kann …

Ursprünglich nur für den persönlichen Gebrauch in seiner Arbeit als Versicherungsvermittler konzipiert, wurde Schmitz mit seinem haptischen Marketingobjekt zum Verkaufstrainer und dieses Objekt zu seinem Bestseller. Die ersten zehn Kollegen, die unbedingt auch eine solche Figur haben wollten, forderte der Mann mit Erfindergeist auf, im Gegenzug je 50 Verkaufsgespräche für ihn zu protokollieren. Mit diesen Erfahrungen evaluiert, meldete er für das Produkt 1987 sein erstes Patent an und dann ging die Figur in die Produktion. Seit 1988 ist Schmitz ganz auf die haptischen Verkaufshilfen konzentriert und hat schon über 10.000 Teilnehmer entsprechend geschult. Rund 20.000 Stück der Figur namens Haptischer Mensch wurden von dem Kölner Spitzentrainer bisher verkauft. Mehr als 30 teilweise exklusive verschiedene Verkaufshilfen, die den Tastsinn ansprechen, hat er inzwischen entwickelt und vertreibt sie via Homepage und Vortrag. »Verschenken darf man so etwas nicht«, beteuert der Pionier, »solche Objekte sollen ruhig ins Geld gehen, damit sie wirklich wertgeschätzt werden.«

Dass die Überzeugungskraft eines Argumentes mit seiner Begreif-
barkeit – und zwar unabhängig davon, ob das Objekt einen ech-
ten Bezug zum Thema hat – steigt, wussten und nutzten zum Beispiel die Banken schon vor Jahrzehnten. Karl-Werner Schmitz sieht
im Sparschwein, das die Banken in den 1950er-Jahren kreierten, eine der erfolgreichsten haptischen Verkaufshilfen – lange vor seiner
Markenanmeldung dieses Begriffes. Mit dem zeitweiligen Kultob-
jekt Sparschwein, in dem die Themen Glück und Reichtum haptisch
verbunden sind, machten die Banker das Sparen im Nachkriegsdeutschland zur Leidenschaft des kleinen Bürgers. Auf dem Höhepunkt der Zeit fragte im damals noch rein öffentlich-rechtlichen
Fernsehen Quizmaster Robert Lembke in *Was bin ich?* allmonatlich
seine Gäste: »Welches Schweinderl hätten's denn gern?« Ohne dass
irgendjemand wegen Schleichwerbung aufgejault hätte.

Ist das sexy für die Finger?

Eigentlich erstaunlich, dass diese gewinnträchtige haptische Ver-
kaufsstrategie jahrzehntelang so wenig Nachahmer fand. Immer
wieder einmal hat Karl-Werner Schmitz in den mehr als zwei Jahrzehnten, die seit der Anmeldung seines ersten Patentes vergangen
sind, gedacht: Es dauert zu lange, bis sich das Thema durchsetzt. Ich
höre auf und verkaufe wieder Versicherungen. »Doch ich kann es
gar nicht lassen. Ich mache das Thema nicht, ich *bin* es«, beteuert
Schmitz. »Ich sehe und fühle diesen Aspekt bei allem, was ich tue.
Ich sehe Gläser und Besteck mit den Händen. Ich fasse die Dinge sofort an und nehme wahr, ob das einen taktilen Reiz hat oder für den
Tastsinn wertlos ist. Ist das sexy für die Finger? Ich kann das nicht
nicht registrieren.«

Inzwischen zeichnet sich ab: Schmitz hatte recht, dem Thema treu
zu bleiben. Allmählich setzt sich die Haptik durch. Das zeigt sich in
der Werbung, die bei solchen Trends naturgemäß ganz vorn liegt.
Für den Til-Schweiger-Film *Zweiohrküken* wurde beispielsweise mit
einer Handy-App geworben, bei der man das Zweiohrküken kitzeln,

bewegen und durch Pusten auf den Touchscreen zum Fliegen bringen konnte. Die Relevanz dieser körperlichen Ebene der Wahrnehmung für die Vermittlung einer Botschaft und das Erinnerungsvermögen greifen auch Coachs und Trainer in jüngster Zeit vermehrt auf. Um die Nachhaltigkeit von Veränderungsprozessen zu gewährleisten, werden die Teilnehmer entsprechend den Erkenntnissen des Embodiment[75] angeleitet, das Erlernte im Körper zu verankern. Dennoch findet Haptik-Pionier Schmitz: »Im Vertrieb wird der Tastsinn in Deutschland immer noch sträflich vernachlässigt.« In seinen Augen müsste sich eigentlich jeder Trainer und jeder, der eine Dienstleistung verkaufen möchte, überlegen: Mit welchem begreifbaren Symbol kann ich meine Kernbotschaft verkörpern?

Das Objekt, das Schmitz persönliche Kernbotschaft »Fünf Sinne verkaufen mehr« seit ein paar Jahren symbolisiert, ist eine Impulskugelreihe. Im Original hat dieses Objekt, das früher so manch einen Schreibtisch zierte, sieben magnetische Kugeln. Die Schmitz'sche Kugelreihe besteht aus fünf Kugeln, passend zu den fünf Sinnen: Je mehr Kugeln (= Sinne) man in die gleiche Richtung anstößt, desto länger schwingen sie nach.

Auch wenn er die Fernmeldetechnik schnell an den Nagel hängte und mit dem Billardspielen schon nach der Geburt des ersten seiner drei Kinder mit Mitte 20 aufhörte – dem »Hand«-Werk ist Karl-Werner Schmitz nicht nur im Beruf, sondern auch in seiner Freizeit treu geblieben. Der kleine Bauernhof, auf dem er mit seiner Familie, Pferd, Hund und Katze lebt, sorgt dafür, dass seine haptischen Sinne nicht verkümmern. Von der Dachrinne bis zum Fußboden repariert und restauriert der er dort fast alles selbst.

Begreifen fördert das Erinnern

Natürlich bringt Karl-Werner Schmitz zum Abendessen beim Italiener seinen Haptischen Menschen mit. Er macht die kleine Schachtel auf und stellt sie auf den Tisch. Wir können gar nicht anders, als sofort damit zu spielen, bauen die Podeste um das Männchen herum, bis es wieder fest im Sockel steht.

Susanne Petz/Gerd Kulhavy: Lässt sich wirklich jede Dienstleistung in ein Objekt übersetzen, das das Thema für den Kunden körperlich erfassbar und begreifbar macht?
Karl-Werner Schmitz: Ja, davon bin ich fest überzeugt. Sie müssen nur ein wenig darüber nachdenken. So etwas finden Sie nicht immer über Nacht. Wichtig ist, dass es nicht einfach nur ein Objekt ist, sondern dass es beweglich ist und dazu animiert, es nicht nur anzuschauen, sondern es in die Hand zu nehmen und etwas damit zu machen. Und am besten kreieren Sie ein Fantasieprodukt, etwas, das es so noch nicht gibt.

Alles andere als eine leichte Aufgabe …
Stimmt, aber die Erinnerungsfähigkeit ist dann am höchsten. Prof. Manfred Spitzer[76], Psychiater an der Uni Ulm, hat Untersuchungen mit sogenannten No-Objects gemacht. Das sind Objekte, die es in der Realität nicht gibt, zum Beispiel eine Kugel mit ein paar Nasen drin. Die Studenten mussten lernen, wie dieses Objekt, dem ein Fantasiename gegeben wurde, heißt. Das Resultat ist: In dem Moment, in dem die Probanden das Objekt in die Hand nehmen, ist die Lern- und Erinnerungsfähigkeit doppelt so hoch, als wenn sie vom Bildschirm oder Buch lernen.

Kennen Sie einen Trainer, der das erfolgreich umgesetzt hat?
Wir erstellen zwar Prospekte, Podcasts und Videobotschaften, aber über solche haptischen Produkte denkt kaum jemand nach. Doch das ist im Entstehen. Apple ist hier sicher ein Vorreiter. Auch das Energieunternehmen EnBW arbeitet derzeit daran, wie sich die Marke anfühlen soll. Unter den Trainern war Nikolaus Enkelmann einer der ersten. Er hatte ein Männchen mit je einer Kugel an den Armen, ein Bild, das für positives Denken und Ausgeglichenheit stehen soll. Ein weiteres Beispiel ist Christo Quiske vom Institut für Angewandte Kreativität in Köln. Er arbeitet immer mit sieben Kugeln. Seine Grundaussage ist: Mach das, was du machst, nur, wenn du sieben Kugeln hast. Wenn Sie ihn kennenlernen, schenkt er Ihnen am Anfang die sieben Kugeln und sagt dazu: »Wenn du vor einer Entscheidung stehst, dann überlege immer, ob du sieben Kugeln hast oder nur drei oder vier.«

Der Leitfaden für Ihre Präsenz

Autorität kommt von Autor

➤ Schreiben Sie über ein Thema, für das Sie wirklich brennen.

Meine Umsetzung:

_____

_____

➤ Je stärker Ihr Thema mit Ihrer Person verbunden ist, desto leichter vermittelt sich Ihre Begeisterung.

Meine Umsetzung:

_____

_____

➤ Ein Buch wirkt in die Zukunft – hat Ihre Begeisterung ein paar Jahre Bestand?

Meine Umsetzung:

_____

_____

➤ Nutzen Sie die Gliederung als Prüfstein, ob Sie wirklich etwas zu sagen haben.

Meine Umsetzung:

_____

_____

> ➤ Fragen Sie Freunde, Kunden und Kollegen, was der Nutzen Ihres geplanten Buches für sie ist.

Meine Umsetzung:

_____

_____

Produzieren Sie Mehrwerte

> ➤ Machen Sie Ihre Leistung durch Kollegen, Mitarbeiter und Lizenznehmer reproduzierbar.

Meine Umsetzung:

_____

_____

> ➤ Entwickeln Sie ein standardisiertes System, nach dem auch andere arbeiten können.

Meine Umsetzung:

_____

_____

> ➤ Beteiligen Sie Kollegen, statt Ihr persönliches Zeitbudget an einen einzigen Kunden zu binden.

Meine Umsetzung:

_____

_____

➤ Bilden Sie ein zuverlässiges Netzwerk.

Meine Umsetzung:

_____

_____

➤ Je mehr Manpower Sie um sich herum aufbauen, desto größere Volumen traut man ihnen zu.

Meine Umsetzung:

_____

_____

Alle Sinne kaufen mit

➤ Fördern Sie durch ein haptisches Objekt das Erinnern.

Meine Umsetzung:

_____

_____

➤ Sprechen Sie die haptischen Sinne mit einer Verkörperung, einem Symbol Ihrer Botschaft an.

Meine Umsetzung:

_____

_____

➤ Lösen Sie mit einem Fantasieobjekt, No-Object Neugier aus.

Meine Umsetzung:

_____

_____

➤ Wecken Sie mit den Bausteinen des Objektes den Spieltrieb.

Meine Umsetzung:

_____

_____

➤ Regen Sie zum Anfassen des Objektes und damit zum Besitz-
wunsch an.

Meine Umsetzung:

_____

_____

5   PR: Reden ist Gold

Ein Ganzes ist mehr als die Summe seiner Teile

Haben Sie schon einmal einen Segeltörn gemacht? Also keine Kaffeefahrt auf einem See, sondern so richtig? Das große weite Meer und eine Strecke vor Augen, die man bis zum Ankern am Abend nur schaffen kann, wenn alles Hand in Hand geht? Das entscheidende Kriterium ist neben einem Schiff, dessen Segelfläche optimal auf das Boot abgestimmt ist, eine perfekt funktionierende Kommunikation. Egal welche Position Sie auf dem Schiff übernehmen, es kommt nicht nur darauf an, dass Sie Ihre Aufgabe erledigen, sondern auch darauf, demjenigen, der am Ruder steht und das Kommando hat, den Status quo zu melden: ob Sie den Anker gelichtet, die Großschot geöffnet oder die Fock gesetzt haben. Selbst wenn Sie perfekte Arbeit leisten, werden Sie Ihr Ziel nicht erreichen, wenn Ihre Nachricht vom Vollzug beim Skipper nicht ankommt, weil Sie zu leise sprechen oder weil Ihnen als Segelanfänger der richtige Fachbegriff für das, was Sie gerade getan haben, einfach nicht einfallen will.

Beim Segeln ist Schweigen nicht nur weniger wert als das goldene Reden – gern geben wir übrigens zu, dass wir die Kapitelüberschrift vor allem wegen des gleichnamigen Buches von Sabine Asgodom so im Kopf hatten, dass uns partout nichts Passenderes einfallen wollte –, es ist Unfug. Es ist kontraproduktiv und bringt Sie nie ans Ziel. Das überaus Sympathische an dieser Segelmetapher

Zusammenarbeiten heißt reden

ist außerdem, dass Reden hier von niemandem allein zur Eitelkeit eingesetzt wird und daher von niemandem als solche missverstanden werden kann. Denn dem Verdacht, auf diesem Dampfer unterwegs zu sein, möchte sich ja niemand freiwillig aussetzen: Spiel dich nicht so auf! Musst du immer im Mittelpunkt stehen? Wer kennt sie nicht, die Ermahnungen aus der Kindheit, nicht zu viel von sich selbst zu reden … Auch hier fällt uns wieder ein überaus passendes Buch von Sabine Asgodom ein: *Eigenlob stimmt.*

PR, wie wir sie verstehen, meint natürlich auch Ihre Präsenz in den Medien, aber nicht nur. Eigen-PR ist für Sie sowohl innerhalb der Firma, in der Sie arbeiten, als auch innerhalb des Kollegen- und Kundenkreises, mit dem Sie als Selbstständiger vernetzt sind, wichtig. Derjenige Mitsegler, in der Berufswelt der Kollege, Kunde oder Auftraggeber, ist für das Erreichen des gesteckten Ziels am wertvollsten, der sowohl gute Arbeit leistet als auch Meldung über seine Leistungen gibt. Wenn niemand weiß, was Sie tun, weiß auch niemand, wann und wie er sich auf Sie verlassen kann. Gute Kommunikation ist, um im Bild zu bleiben: alles, was der Skipper – der Kollege, Kunde, Auftraggeber – wissen sollte, um dem Ziel näherzukommen. Das heißt gleichzeitig: nichts Überflüssiges! Sie müssen dem Skipper nicht zurufen, wie viele Sonnenbrillen Sie weggeräumt haben, um an den Feststeller für das Großsegel zu kommen, und Sie müssen – jedenfalls im Manöver – auch keine abenteuerlichen Erlebnisberichte abgeben.

Lassen Sie sich in die Karten schauen?

Ein Weg zur Macht war früher der machtvolle Umgang mit Informationen. Wer Macht hatte, nutzte sie dazu, seine Informationen so zu streuen – oder für sich zu behalten –, wie es ihm allein diente. Beim Segeln wäre das vergleichbar mit einem Skipper, der seiner Crew nicht erzählt, dass sie ganz knapp um die Landzunge herum. segeln müssen, um hinterher mit ein Mal, statt mit fünf Mal Kreuzen schneller ans Ziel zu kommen. Das macht keinen Sinn. Es macht die Gesamtleistung nicht besser, sondern schlechter. Die meisten Menschen haben das heute erkannt. Kirchturmdenken ist – hoffentlich – im Aussterben begriffen. Hierarchien verlieren immer mehr an Bedeutung. Die meisten Skipper wissen heute, dass ihre Macht nur geliehen ist und dass ihr Gestaltungsspielraum steigt, wenn die Kommunikation mit der Crew reibungslos läuft.

Die »Generation Y« zeigt den Weg. Geboren in den 1980er- und 1990er-Jahren, prägen die Nachfolger der Generation X die Kommunikation der Zukunft: Aufgewachsen in einer Zeit, in der ideologische Schlachten der Vergangenheit angehörten und Computer schon ins Kinderzimmer einzogen, international ausgebildet und weltweit per Facebook vernetzt, offener, toleranter und schneller getaktet, stehen die »Ypsiloner« für Transparenz in der Kommunikation. Anders Parment von der Stockholm University School of Business ist sich sicher: Diese Generation »wird die Arbeitskultur in den Unternehmen radikal umkrempeln«.[77] Grenzenlose Kommunikation, permanente Rückmeldung, unbedingte Transparenz ist für die Generation Y eine Selbstverständlichkeit. Wer heute das Internet nur als weiteres Medium betrachtet, das er für seine Macht nutzen kann, geht nicht mit der Zeit. Das Internet macht uns alle zum Medium, und wer es richtig nutzt, lernt daraus, offen und transparent zu kommunizieren, Informationen freizugeben, statt als sein Eigentum zu betrachten.

Vertrauen Sie darauf, dass Ihre Leistung nicht austauschbar ist?

Erfolgsgarant ist nicht die exklusive Information, sondern die Fähigkeit zu vernetztem Denken und Handeln. Alles meins – diese Haltung taugt ohnehin nicht mehr, um Konkurrenten und Mitbewerber auszuschalten. Teilen Sie alles und vertrauen Sie darauf, dass Ihre ganz persönliche Art, eine bestimmte Leistung zu erbringen, ohnehin nicht austauschbar ist. Sollten Sie schon etwas früher geboren sein: Lassen Sie sich von den Millenials und ihrer Begeisterung für Offenheit und Flexibilität in der Kommunikation anstecken. Einen neuen Namen gibt es für diese Haltung auch schon: Googliness. »Im Prinzip ist die Generation Y doch die Generation Google«[78], erläutert der Deutschland-Personalchef des Suchmaschinen-Giganten, Frank Kohl-Boas, mit scherzhaftem Unterton selbstbewusst.

Unternehmensmissionen, die scheitern, tun dies sehr selten aufgrund mangelnder Fachkenntnis, sondern eher durch mangelnde Kommunikation oder Missverständnisse in der Kommunikation. Das A und O sowohl eines funktionierenden Teams als auch von persönlichem Erfolg ist zielgerichtete Kommunikation in alle Richtungen, horizontal wie vertikal. Erst wenn verschiedene Talente zusammengeführt werden, kann Großes entstehen. Eric Kearney, Deutsch-Amerikaner und Professor für Organizational Behaviour and Human Ressource Management an der Uni Hannover sagt dazu: »Die Zukunft gehört jenen Unternehmen, denen es gelingt, Teams zu bilden, die positive Synergien erzeugen und deren Leistungen weit mehr sind als die Summe individueller Leistungen.«[79] Das lässt sich eins zu eins auf jeden Selbstständigen übertragen. Und dafür müssen Sie nicht viele Gehälter zahlen, sondern ein guter Netzwerker sein.

Doch noch einmal zurück zum Unternehmenskontext: Es gibt kaum eine Stellenausschreibung, in der nicht auch Teamfähigkeit gewünscht wird. Gleichzeitig gibt es angeblich in keinem anderen Land der Welt so viele Einzelbüros wie in

Großraumbüros gegen Einzelkämpfertum

Deutschland. »Gebäude sagen viel darüber aus, welche Rolle ihr Bauherr in einer Gesellschaft spielt und welchen Beitrag er für sie zu leisten bereit ist«,[80] urteilt Architekt Gunter Henn, auf dessen Konto die Autostadt Wolfsburg, die Gläserne Manufaktur in Dresden sowie das Forschungs- und Innovationszentrum von BMW in München gehen. Moderne Unternehmen fördern die Kommunikation, Flexibilität und Transparenz, indem sie Großraumbüros schaffen, in denen der Kreativität des Melting Pot keine Grenzen gesetzt sind. Bei Infineon in München lädt darüber hinaus beispielsweise ein Park mit sieben Naturteichen die Mitarbeiter zum Austausch im Freien ein. Dadurch wird das Unternehmen zwar nicht gleich zu einem Segelschiff, auf dem der Raum begrenzt und die Möglichkeiten, sich aus dem Weg zu gehen, stark eingeschränkt sind. Man kann hier einem Kollegen, mit dem man nicht so gut klarkommt, immer noch eher ausweichen als auf einer 12-Meter-Jacht mitten auf dem Atlantik.

Wollen Sie dennoch lieber Einzelkämpfer bleiben und weiter auf die gnadenlosen Selbstdarsteller schimpfen? Auch wir propagieren keine schaumschlägerische Selbstvermarktung und keine rücksichtslose Ellenbogenmentalität. Doch Ihren Anteil am Erfolg dürfen Sie durchaus deutlich machen. Wir stimmen deshalb mit dem Karriereberater Martin Wehrle überein, wenn er fordert: »Ihre Einzelleistung darf nicht wie Gemüse im Gruppeneintopf verschwinden.«[81] Sorgen Sie dafür, dass Ihr Verdienst mit Ihrem Namen verbunden bleibt. Zeigen Sie sich mit Ihren Ideen und Lösungen. Es darf ruhig jeder wissen, wofür Sie gut sind. Oder um noch einmal in unserem Segel-Bild zu bleiben: Es ist an Bord unumgänglich und wünschenswert, dass sich jeder mit seinem Talent in den Dienst der Sache stellt. Gleichzeitig ist es von Vorteil, wenn der Skipper sowie die Mitsegler die Stärken der Mannschaftskollegen kennen. Das schafft Vertrauen innerhalb des Teams und bringt in Krisenzeiten zusätzlich Sicherheit ins Boot, weil jeder weiß, wer wo im Fall der Fälle Hand anlegen kann.

Die Flexibilisierung und Digitalisierung der Arbeitswelt bringt es mit sich: Immer mehr Menschen haben nicht täglich persönlichen Kontakt mit ihren Kollegen oder Kunden. Der Bürodienstleister Regus hat 12.000 Arbeitnehmer weltweit befragt: Von den Deutschen, die täglich mehr als elf Stunden arbeiten, sitzen 18 Prozent im Home-Office.[82] Bei Firmen wie SAP und Infineon arbeiten viele Teams, die sich persönlich kaum kennen und nur virtuell eine Einheit bilden. Sich über den konkreten Job hinaus zu vernetzen gewinnt zunehmend an Bedeutung. Wie stark nutzen Sie die Möglichkeit, sich innerhalb von Verbänden oder Vereinigungen mit Kollegen, Kunden oder Konkurrenten auszutauschen? Wie aktiv sind Sie in dem Verband Ihrer Branche oder Ihres persönlichen Fachgebietes? Welche Vorteile die aktive Mitwirkung in einem Fachverband haben kann, schildert im Folgenden Claus von Kutzschenbach, Spitzentrainer und Präsident des BDVT, des Berufsverbandes für Trainer, Berater und Coachs.

Ohne Ziel(-Gruppe) – kein Treffer

Der Unterschied ist gar nicht so groß, ob Sie sich nun als Mitarbeiter innerhalb Ihrer Firma oder als Selbstständiger und Unternehmer positionieren. Egal ob Sie mit Kollegen eine Kooperation eingehen oder mit Kunden zusammen eine Strategie überdenken: Immer gilt es, die eigene Stärke bewusst als solche zu vermarkten. Möglichkeiten gibt es dazu viele, auch über den eigenen Horizont hinaus: Was spricht dagegen, sich betriebs- oder verbandsintern mit einem Vortrag über ein Thema zu Wort zu melden, das Sie sehr interessiert und über das Sie viel zu sagen haben, für das Sie bisher aber gar nicht stehen und wahrgenommen wurden. Wichtig ist nur: Es sollte nicht geschwätzig sein. Was auch immer Sie über sich zu sagen haben – nehmen Sie Ihre jeweilige Zielgruppe klar ins Visier und richten Sie Ihre Botschaften an dem Nutzen aus, den Sie Ihren Zuhörern bieten können.

Das gilt auch und ganz besonders, wenn Sie sich, wie die Spitzentrainerin Daniela A. Ben Said, in den Medien zu Wort melden. Wobei »Zielgruppe« medial betrachtet zwei verschiedene Dimensionen hat: 1. die Redakteure des Mediums, die ein bestimmtes Format bedienen müssen, und 2. Ihre potenziellen Kunden, die bestimmte Medien stark oder weniger interessiert nutzen. Es macht nur selten wirklich Sinn, ein und dieselbe Pressemitteilung beispielsweise sowohl an die *Bild-Zeitung* als auch an *Psychologie heute* zu schicken. Nehmen wir einmal an, Sie sind Kommunikationstrainer und möchten Ihre Arbeitsweise bekannter machen. Obwohl durchaus nicht ausgeschlossen ist, dass beide Medien sich für dasselbe Thema interessieren könnten, wird der Fokus doch recht unterschiedlich sein: Während die *Bild-Zeitung* beim Thema Job-Talk vielleicht an Flirtkursen zur Schulung der Soft Skills im Beruf interessiert ist, wie sie IT-Studenten am Hasso-Plattner-Institut der Uni Potsdam 2009 angeboten wurden, möchte *Psychologie heute* wahrscheinlich eher die wissenschaftlichen Hintergründe wissen, die belegen, dass Emotionalität in der Kommunikation die Erinnerungsfä-

Jedem Medium seine Sprache

higkeit erhöht. Die Frage, welche Zielgruppe Sie ansprechen, ist also entscheidend, möchten Sie in den Medien mit einer Botschaft auf Gehör stoßen.

So wie nicht jede Geschichte in jedes Medium passt, weil sich eine Zeitschrift mit einem ganz bestimmten, wiedererkennbaren Stil eine Markenposition erarbeitet, machen auch Sie selbst sich wiedererkennbar, wenn Sie Ihr Thema nicht beliebig wechseln. Zwar sind die Zeiten lebenslangen Arbeitens in einem einzigen Bereich vorbei und Flexibilität ist das Mantra unserer Zeit. Doch Ihre Wahl, wofür Sie Experte sein möchten, darf nicht beliebig sein. Sie wirken in den Medien, den Verbänden oder in Ihrem Netzwerk umso glaubwürdiger, je offensichtlicher sich Ihr Thema aus Ihrem persönlichen Erfahrungshintergrund und Ihrer Laufbahn ableiten lässt. Es ist ein Trugschluss, zu glauben, dass Sie mit mehr Themen mehr Aufmerksamkeit erreichen können. Umgekehrt wird ein Schuh daraus.

Gleiches gilt für die Menschen, mit denen Sie netzwerken. Im Zeitalter von Xing, LinkedIn und Facebook ist das Finden und Herstellen von Kontakten ja auch außerhalb der klassischen Massenmedien Print, TV und Hörfunk kein Problem mehr. Allein auf Facebook sind derzeit über 845 Millionen aktive Nutzer registriert.[83] Die Kunst liegt sicher nicht in der Masse, sondern in der kontinuierlichen Pflege Ihrer persönlichen Beziehungen. Nur in einem Punkt darf es beim Netzwerken gern etwas mehr sein: Die Vielfältigkeit der Kontakte ist das Erfolgskriterium. Denn im eigenen Saft zu schmoren bringt Sie kaum weiter. Die Spitzentrainerin Monika Matschnig ist für diese Aspekte gleich im Anschluss ein gutes Vorbild.

Vorträge, Medienpräsenz, Netzwerke – all das erfordert unbestritten Engagement und geht sicherlich nicht ohne eine zusätzliche Investition an Zeit. Als Gewinn sind Ihnen sicher: Bewusstseinserweiterung und Erkenntniszuwachs. Das ist auch deshalb wichtig, weil Karrierewege heute kaum noch innerhalb einer einzigen Firma verlaufen.

Netzwerken ist eine Lebenseinstellung

»Zum anderen werden heute immer weniger sogenannte Kamin-Karrieren gemacht, bei der Führungskräfte nur innerhalb ihres eigenen Fachgebietes aufsteigen«, so Urs Wenger vom Lehrstuhl für HR-Management an der Uni Zürich.[84] Richtig verstanden bleibt Netzwerken nicht an der Grenze des eigenen Fachgebiets stehen und ist auch nicht auf Aufträge und Kunden fokussiert, sondern entspricht einem breiteren Denkansatz, aus dem sich im Lauf der Zeit Möglichkeiten ergeben können, die sich zu Beginn des Engagements oft nicht abschätzen lassen. Netzwerken ist in unserem Augen eine Lebenseinstellung.

Wer Sie nicht kennt, kann Sie nicht empfehlen

In einer Umfrage des Jobportals Monster.de antworteten 60 Prozent der rund 1000 Befragten, sie wollten lieber ohne Beziehungen Karriere machen. 47 Prozent der Befragten gaben an, sich ihre aktuelle Position selbst erarbeitet zu haben. Dem gegenüber standen 29 Prozent, die zugaben, dass schon einmal ein Bekannter ein gutes Wort für sie eingelegt habe, und noch einmal 11 Prozent gestanden freimütig: »Meine derzeitige Position habe ich, weil ich den Chef persönlich kenne.« 13 Prozent lehnten es komplett ab, Beziehungen für die Karriere zu nutzen.[85] Da wird etwas zur Norm erhoben, das der Natur des Menschen komplett widerspricht. Vor einem Restaurantbesuch fragen Sie doch auch gern einmal bei Freunden nach, die dort schon gegessen haben, oder? Und wie ist es beim Urlaub? Wir holen uns gern Tipps von jemandem, der das Land schon kennt. Zudem basieren doch die meisten Empfehlungen auf Erkenntnissen, von denen sich der Empfehlungsgeber irgendwie überzeugt hat. »Wer jemanden empfiehlt, den er nicht kennt oder der nachweislich ungeeignet ist, der ist entweder unglaublich naiv oder todesmutig. Jede Referenz fällt irgendwann auf den Empfehlenden zurück«, so der Wirtschaftsjournalist Jochen Mai. Dass persönliche Kontakte bei Stellenbesetzungen eine wichtige Rolle spielen, zeigt eine Befragung des Instituts für Arbeitsmarkt- und Berufsforschung, an der jährlich etwa 15.000 Betriebe teilnehmen: Die Unternehmen besetzen, so die Zahlen von 2010, rund ein Vier-

Vertrauen erleichtert das Arbeiten

tel aller offenen Stellen über persönliche Empfehlungen.[86] In einer Befragung von 100 Berliner Managern, die als Netzwerker aktiv sind, antworteten sogar 90 Prozent, dass sie lieber Geschäfte mit Menschen machen, die sie gut kennen.[87]

Trotzdem wird Netzwerken von vielen Menschen immer noch als nicht zwingend erforderlich bewertet. Unserer Meinung nach ist es heute ein entscheidendes Kriterium von beruflichem und persönlichem Erfolg. Monika Matschnig vermutet, dass die Fähigkeit, Kontakte zu knüpfen und zu halten, rund 30 Prozent des Erfolgs ausmacht. Damit liegt sie unter der Angabe, die 58 Prozent der Berliner Netzwerker in der besagten Umfrage gemacht haben: Sie gehen davon aus, dass beruflicher Erfolg mindestens zur Hälfte von ihrem Netzwerk abhängig ist.[88] Monika Schedding, Coach und Autorin des Buches *Erfolgsstrategie Networking: Business-Kontakte knüpfen, organisieren und pflegen*, schreibt: »In der Regel sind sieben Kontakte und zwei Jahre notwendig, bevor was für beide Seiten herausspringt.«[89] Nicht nur deshalb gehört unsere Sympathie den Netzwerkern, die diesen Weg aus der Überzeugung heraus gehen, dass intensiver Austausch an sich einen Mehrwert für die persönliche Entwicklung hat.

Ohne Netz kein Werken

Monika Matschnig: »Netzwerken ist ein Geben und Nehmen«

Monika Matschnig macht den Eindruck, als wusste sie schon immer sehr genau, wo sie hinwollte. Bereits neben dem Psychologiestudium machte die Österreicherin eine Ausbildung als Trainerin. Und noch vor Abschluss des Studiums begann sie, als Trainerin in der Erwachsenenbildung zu arbeiten. In dieser Zeit wurde sie auf eine Veranstaltung von »Unternehmen Erfolg«[90] aufmerksam, die in Graz zusammen mit der örtlichen Tageszeitung eine Reihe von deutschen Trainern präsentierte. »Ich wollte Rednerin werden, auch wenn ich damals noch nicht wusste, was das konkret beinhalten würde. Außerdem war mir aufgefallen dass die Leute in diesem deutschen Unternehmen größer dachten, als wir in Österreich. Das hat mich interessiert«, so die Psychologin, die sich inzwischen erfolgreich als Speaker zum Thema Wirkung und Körpersprache positioniert hat.

Abends nach dem Seminar nahm die junge Trainerin ihre Teilnehmer mit zum Vortrag von Unternehmen Erfolg. Dieser Gruppenausflug hat den Lebensweg von Monika Matschnig nachhaltig beeinflusst. Im Unterschied zu ihren Schülern ging sie nach dem Vortrag nicht gleich nach Hause, sondern blieb zum Umtrunk und tat, was sie sich vorgenommen hatte: Sie lernte die Veranstalter kennen. »Ich stürme nie sofort hin, sondern warte ab, bis ich die Person, die ich sprechen möchte, allein stehen sehe. Das ist dann meine Chance, Aufmerksamkeit zu erzeugen«, verrät die Körpersprachetrainerin, die auch in Sachen Netzwerken eine Fachfrau ist. Ihr Ziel war der Kontakt zu Hermann Scherer, Businessexperte und Inhaber von Unternehmen Erfolg, sowie zu der Serviceexpertin Sabine Hübner. »Die Erscheinung von Sabine war für mich reizvoll. Ich war begeistert, wie diese zierliche Frau so viel Präsenz erzeugen konnte.« Dennoch war bei den beiden Frauen nicht von Anfang an Sympathie im Spiel. »Sie kam mir anfangs etwas unnahbar vor«, erinnert sich Monika Matschnig. Doch der erste Eindruck hat getäuscht. Heute sind die beiden Trainerinnen beste Freundinnen.

In den Augen von Monika Matschnig, der Körperspracheexpertin mit dem Slogan »Wirkung. Immer. Überall«, trägt Netzwerken einen hohen Anteil zum beruflichen Erfolg bei. Sie hat, wenn es um das Knüpfen von Kontakten geht, viele Strategien, mit denen sie es leicht schafft, auch atmosphärische Anfangshürden zu überwinden. Zunächst passt sie den richtigen Moment ab, dann fängt sie nicht an, von sich zu erzählen, sondern stellt vor allem Fragen. »Natürlich sollte man einen anderen nicht ausfragen, das würde kein positives Gefühl erzeugen. Doch wer seine Fragen charmant auch mit Lob und Anerkennung für das Tun des anderen verbindet, wird selten abgewiesen. Wenn ich dann einen Schritt weiter gehen möchte, erzähle ich etwas Privates von mir und hoffe, dass auch der andere etwas Persönliches preisgibt«, verrät die Netzwerkerin ihre kleinen Geheimnisse.

Für die ehemalige österreichische Volleyball-Nationalspielerin war dieser Abend in Graz letztendlich der Türöffner ins Redner-Business. Beim Kennenlernen im Jahr 1999 war sie gerade 25. Ein Jahr später hatte sie ihr Psychologiestudium abgeschlossen und stieg bei Unternehmen Erfolg ein. Zunächst stellte sie in Österreich die Veranstaltungsreihe »Von den Besten profitieren« auf die Beine, dann übernahm sie die Geschäftsführung. Monika Matschnig lernte dadurch nicht nur das Speaker-Geschäft in all seinen Facetten hautnah kennen, sondern hatte zahlreiche Gelegenheiten, selbst als Rednerin auf die Bühne zu gehen. Klar, dass sie heute sagt: »Ohne Netzwerken wäre ich nie dahin gekommen, wo ich mittlerweile stehe!«

Kontakte knüpfen will gut vorbereitet sein

Schon auf den folgenschweren Auftakt im Jahr 1999 in Graz hatte Monika Matschnig sich gründlich vorbereitet. Nicht nur, dass sie sich sehr genau überlegt hatte, mit wem sie nach dem offiziellen Programm in Kontakt kommen wollte. »Dazu gehört selbstverständlich auch, dass man sich im Netz über die Personen informiert, die man kennenlernen möchte. Bilder anschaut, liest, was der- oder diejenige bisher gemacht hat. Man tritt dann viel selbstsicherer auf und läuft nicht Gefahr, von einer Äußerung oder einem Thema völlig überrascht zu werden«, so die Trainerin. »Außerdem haben Sie nach so einer Recherche viele Anknüpfungspunkte für ein Gespräch. Ihr Gegenüber wird spüren, dass Sie wirklich ein echtes Interesse an ihm oder ihr haben.«

Auch an ihren ersten Job in der Erwachsenenbildung ist Monika Matschnig durch ihr Talent zum Netzwerken gekommen. Die zielstrebige Frau mit der schlanken, hochgewachsenen Sportlerinnenfigur hatte sich überlegt, Best in Training (bit), das größte private Schulungsunternehmen in Österreich, wäre ein guter Arbeitgeber für sie. Doch sie vermutete, dass sie als Berufsanfängerin mit noch nicht abgeschlossenem Studium kaum eine Chance haben dürfte, direkt dort zu starten. Um ihre Qualifizierung zu verbessern, absolvierte sie während des Studiums eine einjährige Ausbildung zur Trainerin in der Erwachsenenbildung und recherchierte, welche bit-Trainer in Graz aktiv waren. Sie suchte sich zwei achtbare Kollegen heraus und verabredete sich zum ersten Kennenlernen mit ihnen in einem Lokal in der Stadt. Und irgendwann hat sie es dann gewagt, zu fragen, ob einer von den beiden sie nicht einmal bei ihrem Geschäftsführer empfehlen könnte. Danach kam es nur noch auf Monikas Performance an. Im Probetraining zum Thema Kommunikation musste sie mit Langzeitarbeitslosen arbeiten, nicht gerade die leichteste Zielgruppe für eine Weiterbildung. Doch die ebenso engagierte wie ehrgeizige Berufsanfängerin überzeugte – und wurde als Trainerin in unterschiedlichen Bereichen eingesetzt.

Wichtig ist für Monika Matschnig, dass der Ausgangspunkt beim Kennenlernen ein positives Gefühl füreinander ist und eine Wellenlänge, die einen verbindet. Sonst bleibt der Kontakt eine Eintagsfliege. »Man sollte offen sein, grundsätzlich nichts erwarten und bereit sein, auch zu geben. Und wenn sich dann tatsächlich eine persönliche Verbindung ergibt, dann ist das ein Geben und Nehmen und man kann sich aufeinander verlassen«, formuliert sie ihren Anspruch an das Miteinander.

Keine Angst vor Konkurrenz

Wie freizügig ist sie im Geben? Hat die Selbstständige mit Wohnsitz in Graz und nahe München keinerlei Bedenken, ihr Wissen mit potenziellen Konkurrenten zu teilen? Nein, davor hat Monika Matschnig keine Angst. Obwohl es gut überlegt sein sollte, mit wem man intensiveren Kontakt pflegen will. Sie spricht gegenüber ihren Kunden mit Freuden Empfehlungen aus – aber es muss immer ein Referent sein, der zur Veranstaltung oder zum Auftraggeber passt. Trainer können sich untereinander bereichern. Am Beispiel Matschnig heißt das: Der Netzwerkpartner darf ruhig Trainerkollege sein. Es ist sogar sinnvoll, wenn er oder sie, wie Matschnig selbst, im Segment Persönlichkeitsbildung unterwegs ist, aber in diesem Bereich sollte er ein anderes

Thema besetzen. Der Gedächtnistrainer Markus Hofmann ist für die Körpersprachexpertin zum Beispiel so ein Kollege, mit dem das Geben und Nehmen perfekt funktioniert: »Wenn ich einen Vortrag halte und das Gefühl habe, Markus passt dort gut hinein, dann empfehle ich ihn gleich beim Kunden weiter«, so die Netzwerkerin. »Gleichzeitig gebe ich Markus Bescheid, sodass er sein Profil an den Kunden schicken kann. Markus macht dasselbe natürlich an anderer Stelle für mich. Das ist wie ein Commitment, das zwischen uns im Laufe der Zeit entstanden ist.« Monika Matschnig hat einen festen Kreis von Kollegen, mit denen dieses Miteinander hervorragend eingespielt ist.

Auch Martin Limbeck gehört dazu, obwohl er gar nicht in der Persönlichkeitsentwicklung, sondern im Bereich Vertrieb und Verkauf einer der Spitzen-Speaker und Bestsellerautor (*Nicht gekauft hat er schon*) ist. Keine Frage: So effektiv wie dieses Empfehlungsmarketing kann Kaltakquise nie sein. Martin Limbeck und Monika Matschnig haben sich vor ein paar Jahren bei einer Convention der GSA kennengelernt. Monika Matschnig kannte den Kollegen nur aus den Medien und hatte das Gefühl: Der wird eine Größe. Bei der Vorbereitung auf die Veranstaltung entdeckte sie Limbeck auf der Teilnehmerliste. Und weil die leidenschaftliche Kontakterin beim Netzwerken nicht auf Zufälle allein hofft, schlug sie ihm ein Treffen auf dem Event vor. Eineinhalb Stunden saßen die beiden gleich beim Kennenlernen zusammen.

Denn das ist ihr Prinzip: Monika Matschnig geht nicht auf Veranstaltungen, um wirklich alle Vorträge mitzubekommen, sondern vor allem, um Menschen zu treffen. Dafür sind die Zeiten vor und nach den Vorträgen und die Pausen wichtig. Wer diese zum Telefonieren und Checken der E-Mails nutzt, lässt sich einen wichtigen Mehrwert von Events dieser Art entgehen. Während die umtriebige Österreicherin vor ein paar Jahren noch möglichst viele Kollegen kennenlernen und durch Präsenz die eigene Bekanntheit steigern wollte, geht es ihr heute in erster Linie darum, Kontakte zu halten und zu pflegen. Dazu macht sie vor dem jeweiligen Event 1:1-Termine am Rande der Veranstaltung aus. Und selbst nach etlichen Jahren im Business sind noch Menschen darunter, die sie neu kontaktiert. Die Zeit für zufällige neue Begegnungen, bei denen sich Synergien ergeben könnten, ist irgendwie immer drin.

Vom Spirit eines Miteinanders

Manchmal nimmt Monika Matschnig auch einfach so, ohne einen gemeinsamen Anlass, mit einem fremden Trainer Kontakt auf. Sie nennt ein Beispiel: »Die Motivationstrainerin Nicola Fritze ist mir aufgefallen, als ich im Netz herumgesurft bin. Sie war mir sympathisch und ich habe sie angeschrieben. Seitdem sind wir per Mail in Kontakt. Getroffen haben wir uns immer noch nicht, aber das schaffen wir dieses Jahr bestimmt.« Auch Koreferenten, die mit ihr auf derselben Veranstaltung sprechen, schreibt die mit fünf Conga Awards, der Auszeichnung der Vereinigung Deutscher Veranstaltungs-Organisatoren, ausgezeichnete Rednerin im Vorfeld an. Sie möchte sich wohlfühlen, wenn sie auf der Bühne steht. Deshalb bemüht sie sich, eine gute Atmosphäre herzustellen, die vom Spirit eines Miteinanders ohne Konkurrenzgefühle lebt.

Wer wie Monika Matschnig in der Branche fest verankert ist, der schaut beim Netzwerken natürlich auch über den eigenen Tellerrand hinaus. »Erstens wird man betriebsblind, wenn man sich nur in der eigenen Branche bewegt. Zweitens können die Trainer mich zwar empfehlen, aber die, die mich buchen, sind ja die Unternehmen«, erläutert die Durchstarterin. Dabei geht es ihr nicht um Quantität, sondern um Diversität. Die Devise lautet: Je breiter Sie mit Ihrem Netzwerk aufgestellt sind, desto besser funktioniert es.

Kaum zu glauben, dass so viel Netzwerken möglich ist! Und das, obwohl Monika Matschnig neben ihren Speaking-Auftritten und Trainings auch noch erfolgreiche Buchautorin ist. Schon in ihrer Zeit als Geschäftsführerin bei Unternehmen Erfolg erschien ihr erstes Werk *Wirkung. Immer. Überall.* Seitdem sorgt sie regelmäßig für Lesestoff zum Thema Körpersprache. Wie schafft sie es als viel beschäftigte Trainerin, Speakerin und Autorin, den Kontakt mit all ihren Netzwerkpartnern zu halten? Das muss das persönliche Zeitbudget doch ganz schön beuteln? »Tut es! Doch das ist richtig investiert.« Monika Matschnig ist überzeugt: »30 Prozent des Erfolgs macht das Netzwerken sicher aus.« Entsprechend ist sie auch bereit, diesen Aspekt als Teil der Arbeit ernst zu nehmen. Außerdem beinhalte Netzwerken nicht, dass man ständig präsent sein muss. Eine gute Schule dafür, wie man die Kontakte pflegt, war für sie die Arbeit mit den vielen Referenten bei Unternehmen Erfolg: »Ich habe eine Sensibilität dafür entwickelt: Wie viel Kontakt möchte der andere? Schreibt er lieber Mails oder eine SMS? Oder will er ab und zu telefonieren, aber nichts schreiben müssen? Da gibt es sehr unterschiedliche Typen.«

Und das alles erzählt uns eine Frau, die ganz abgeschieden aufgewachsen ist. Monika Matschnig kommt nämlich von einem Bauernhof. Sie ist mit drei Geschwistern auf einer Alp in Kärnten groß geworden. Schon als kleines Mädchen wusste sie offenbar sehr genau, was sie wollte: Mit elf Jahren überzeugte sie ihre Eltern, in ein Internat nach Klagenfurt zu dürfen, um Leistungssportlerin zu werden. Weil sie großes Talent hatte, war sie oft die Jüngste in einer Gruppe mit bis zu zehn Jahren älteren Sportlerinnen. Es wird ihre Schule für das Leben gewesen sein, in dieser Situation einerseits nicht die kleine Außenseiterin zu bleiben und andererseits die große Konkurrenz nicht zu fürchten.

Mir ist die Offenheit wichtig

Helle Räume, klar und übersichtlich, ohne Schnickschnack. Auch wenn hier, nahe München, nur die Zweitwohnung der Österreicherin Monika Matschnig ist, ihren Geschmack erkennen wir sofort wieder.

Susanne Petz/Gerd Kulhavy: Als Kind und Jugendliche haben Sie mit viel älteren Sportlerinnen zusammen trainiert. Die haben sich doch sicher gar nicht für Sie interessiert?
Monika Matschnig: Mit Humor habe ich immer vieles wettgemacht. Egal wie alt mein Gegenüber war, ich konnte mich immer auf das Alter einschwingen. Und für mich selbst war das spannend. Ich

habe früh erkannt, dass mir Menschen, die älter sind, mehr geben können, und habe solche Kontakte gesucht. Mit Gleichaltrigen konnte ich weniger anfangen. Meine dicken Freunde waren in der Schulzeit immer älter als ich und sie sind das auch heute noch.

Geht Netzwerken so zielgerichtet?
Im beruflichen Netzwerk darf man nicht zu viel erwarten. Je höher das Standing ist und je älter man wird, umso anspruchsvoller wird das bewusste, zielgerichtete Netzwerken. Viele haben nicht mehr die Muße und den Willen dazu. Mir ist die Offenheit aber wichtig. Wenn ich jemanden interessant finde, muss ich noch gar nicht im Blick haben, wofür diese Verbindung gut sein könnte. Wenn bei dem Menschen, mit dem ich in Kontakt trete, von Anfang an gleich ein positives Gefühl da ist, geht es weiter. Sonst werden wir niemals miteinander schwingen.

Sie leisten sich diese Offenheit zeitlich noch immer…
Sehr häufig weiß ich bei neuen Kontakten nicht, was daraus wird. Es kann bei einem kurzfristigen Kontakt bleiben, aber es kann sich mit der Zeit eine bereichernde Beziehung ergeben. Bei einem langfristigen Kontakt ist für mich die menschliche Komponente die Essenz – die Person sollte mich kennenlernen, genauso wie ich die Person kennen möchte – beruflich und privat. Das vertieft die Beziehung und man versteht, wie der Mensch tickt. Und dass ein ausgewogenes Geben und Nehmen vorhanden sein sollte, ist eine Selbstverständlichkeit, sonst kippt die Balance. All das erfordert Offenheit.

Machen Sie aus Ihrem Auftritt eine Nachricht

Daniela A. Ben Said: »Werde nie zu groß für kleine Dinge«

Wenn man Daniela A. Ben Said in ihrem Domizil besucht, einem großen alten Niedersachsen-Hof, Fachwerk, mit Ponys, Pferden und dem Seminarbereich in einer umgebauten ehemaligen Scheune, kann man eins kaum übersehen: eine gefühlt zehn Meter hohe und fünfzehn Meter breite Wand, übersät mit Zeitungsartikeln.

Fast alle mit einem großen Foto der zupackenden, schwarzhaarigen Frau. Diese Trainerin, die in Führungskräftetrainings mit Pferden ihr Hobby mit dem Beruf verbindet, hat es sichtbar geschafft, aus ihrem Auftritt eine Nachricht zu machen. Und sie hat keine Hemmungen, über weniger schöne Phasen ihres Aufstiegs vom Außenseiterkind mit dem tunesischen Vater zur Spitzentrainerin zu sprechen.

Es war nämlich in einer der schwierigeren Phasen ihres Berufslebens, als Daniela A. Ben Said einen Artikel über Jugendliche mit Migrationshintergrund und Schulproblemen in der Zeitung las. »Ich hatte im Jahr 2000 wenige Aufträge. Also schlug ich der Direktorin der Schule, die in der Zeitung beschrieben worden war, vor: Ich coache Ihre Schulverweigerer und Sie bringen mich dafür in die Presse.« Ben Said konnte sich nämlich noch gut daran erinnern, wie sie selbst sich als einziges Kind mit fremdländischem Hintergrund in einem katholischen deutschen Kindergarten gefühlt hatte. Zwei Jahre lang arbeitete die Trainerin jeden Freitag mit den Schülern. Auch die Direktorin hielt Wort. Die *Neue Osnabrücker Zeitung* schrieb nicht irgendeine kleine Meldung, sondern kam in die Schule, schaute Daniela A. Ben Said bei ihrer Arbeit mit den Kindern zu und brachte einen richtig großen Bericht.

Das Thema Schule war die erste Nachricht, mit der die Chefin des Coaching-Instituts namens Quid Agis (dt. Wie geht es dir) 2002 in der Presse landete. Der Bericht zog viele Dinge nach sich, die sich alle positiv auf das Business der Trainerin auswirkten. Insgesamt fünfzehn Artikel entstanden im Laufe der Zeit. Diverse Interviews für die Zeitungsrubrik »Fragen zum Job« wurden mit ihr geführt. Und nicht nur das: Die *Neue Osnabrücker Zeitung* schlug Ben Said eine ganze Vortragsreihe vor, über die dann selbstverständlich auch regelmäßig berichtet wurde. Wie bei ihrem Schulengagement war Daniela A. Ben Said, die heute zwei Drittel ihres Umsatzes mit Vorträgen macht, sich nicht zu schade, zunächst ohne Gage als Rednerin auf die Bühne zu gehen. »Obwohl ich zu der Zeit ja auch schon gut bezahlte Vorträge gehalten habe, habe ich nicht gezögert. Das hat sich locker ausgezahlt«, erzählt die Trainerin stolz. »Viele potenzielle Kunden haben mich dadurch in den Vorträgen und in der Presse gesehen. Immer wieder resultierten daraus auch Anfragen von Firmen, die dann gut bezahlt haben.« Kein Wunder, dass ihr Credo lautet: Werde nie zu groß für kleine Dinge.

Das Gleiche gilt für die Größe des Mediums, in dem über sie berichtet wird. Die Trainerin, die inzwischen selbst Coachs ausbildet, weiß auch einen Artikel im Kreisblatt von Bersenbrück, einem kleinen Dorf bei Osnabrück, zu schätzen. Heute ebenso wie zu Beginn ihrer Karriere. »Schließlich gibt es auch in Bersenbrück Unternehmen«, lautet Ben Saids lakonische Feststellung dazu. Ebenso ist in ihren Augen Arroganz in puncto Kundenzielgruppe fehl am Platze. Wer sagt denn, dass man nur mit Topmanagern aus internationalen Konzernen erfolgreich sein kann? Die Frau mit dem flotten, unverblümten Mundwerk kommt zum Beispiel auch bei Friseuren und in der Kosmetikbranche gut an. Für L'Oréal wurde sie als Rednerin beispielsweise schon nach Barcelona eingeflogen.

Als ihre Vorbilder nennt Daniela A. Ben Said so unterschiedliche Persönlichkeiten wie Steffi Graf, Martin Luther King und Walt Disney – drei Persönlichkeiten, die Ben Saids Leitsatz »Wir geben 120 Prozent« sicher teilen würden. Schon in ihrer Schulzeit jobbte Daniela nebenher in einer Tankstelle und in der Pommesbude. Bei einer Putzstelle im Fitness-Studio erlebte sie, wie ein Motivationstrainer die Leute coachte, und dachte sich: Das will ich auch! Noch während des Jurastudiums, das sie später abbrach, machte sich Daniela A. Ben Said als Trainerin selbstständig und hatte damit schon mit Mitte 20 ansehnlichen Erfolg.

Es muss nicht gleich der Spiegel sein

Mit den vielen Presseartikeln wuchs nicht nur die Präsentationsmappe der Spitzentrainerin, sondern auch ihr Selbstbewusstsein. »Das hat mir Sicherheit im Auftreten gegeben«, sagt sie heute. Durch ihre regionale öffentliche Präsenz erschloss sie sich den örtlichen Markt, zu dem in der Region Osnabrück Firmen wie VW und Schöller gehören. Und auch wenn die *Neue Osnabrücker Zeitung* ein regionales Blatt ist – die Zeitung ist renommiert und wird von den Redakteuren vieler bundesweiter Wirtschaftsmagazine gelesen. Selbst *Spiegel Wissen* wurde durch die lokale Berichterstattung auf die Osnabrücker Trainerin aufmerksam. Wie ein Schneeball-Prinzip wuchs ihr Einzugsgebiet weiter und weiter. Außerdem: »Wenn es Ihnen gefallen hat, sagen Sie es weiter.« Mit diesem Satz endet jeder ihrer Vorträge, für die Daniela A. Ben Said gern auch einmal ein Pony mit auf die Bühne nimmt. Heute ist die Frau, die aus ihrem Auftritt eine Nachricht macht, über Deutschlands Grenzen hinaus als Speakerin unterwegs.

Neben ihrem Engagement muss es ihre Zähigkeit gewesen sein, die einen wesentlichen Beitrag zu ihrem Erfolg darstellte. Das erste Buch, das Daniela A. Ben Said 2003/2004 geschrieben hat, schickte sie an 19 Verlage – erfolglos. Doch Not macht bekanntlich erfinderisch und die Rednerin wollte unbedingt den nächsten Schritt auf dem Weg zum Expertenstatus gehen. Den Durchbruch erzielte sie, nachdem sie ihre 2000 Zuhörer auf einem Kongress aufforderte, das – noch nicht gedruckte (!) – Buch zu bestellen. Das freche Energiebündel konnte 400 ausgefüllte Bestellkarten mit nach Hause nehmen. Danach interessierten sich gleich drei Verlage für ihr Buch zum Thema Persönlichkeitstraining mit dem Titel *Das Wüstenseminar*.

Ihr Ziel, in den Köpfen der Menschen zu sein, hat die Trainerin mit dem direkten Tonfall nie aus den Augen verloren. Nach dem dritten Buch, in dem sie ihr Prinzip der Kundenverblüffung (*DABS Verkauf*), so der Titel, mit vielen Beispielen beschreibt, setzte sich Daniela A. Ben Said den ersten Award in den Kopf. Sie ahnen es sicher: Auch das hat sie erreicht! 2008 wurde die Halb-Tunesierin vom Magazin *Horizont Mensch* auf einem Coaching-Kongress für ihre Trainerleistungen ausgezeichnet.

Frechheit siegt

Der nächste Schritt steht bereits fest: Daniela A. Ben Said will ins Fernsehen. Sowohl Nachmittags-Talkshows als auch *Verbotene Liebe* hat sie schon kontaktiert. Sobald die Trainerin eine Sendung entdeckt, in die sie passen könnte, schreibt sie die Redakteure an. Sie bietet sich selbst als Psychologin an, die trotz akademischer Ausbildung redet, wie ihr der Schnabel gewachsen ist, und auch schauspielerisches Talent mitbringt. Ihr Ziel ist eine eigene Coaching-Sendung. Zäh wie sie ist, hat sie schon vier verschiedene Konzepte dafür entwickelt – bisher ohne viel Resonanz. Stattdessen hat Meister Zufall ihr unter die Arme gegriffen: Eine Redakteurin vom SWR las den Artikel in *Spiegel Wissen* und lud Daniela 2010 zum Talk mit Wieland Backes in die Kultsendung *Nachtcafé* ein. Damit liegt das in den Sendern so gefragte Demoband, das die Trainerin in voller Aktion in einer renommierten Sendung zeigt, nun vor. Der SWR muss an Ben Saids schonungsloser Offenheit und ihrer lockeren Art Gefallen gefunden haben, denn der Sender hat sie seitdem noch mehrfach als Gesprächspartnerin angefragt. Das heißt: Daniela A. Ben Said ist von nun an auch im Fernsehen, jedenfalls im südwestdeutschen, schon in den von ihr so begehrten Köpfen angekommen.

Inzwischen gibt es in Niedersachsen übrigens ein Schülerlotsen-Projekt, das im Schulgesetz verankert wurde. In dem Projekt fungieren die besseren Schüler als Lotsen für die weniger starken Mitschüler. Einen der Anstöße dazu gab Daniela A. Ben Said, die in Wochenendkursen die Schüler für die Weitergabe an die lernschwächeren Mitschüler fit gemacht hat.

Mein Mailing war ein Kinderschuh

Mit einem Kaffee für uns in der Hand holt Daniela A. Ben Said uns vom Osnabrücker Bahnhof ab. Auf ihrem großen Niedersachsen-Hof geht es zur Begrüßung zuerst in das Gehege der Ponys. Dann gibt es eine Führung durch den ganzen umgebauten Bauernhof, mit dem die Spitzentrainerin sich einen Lebenstraum erfüllt hat.

Susanne Petz/Gerd Kulhavy: Wer würde nicht gern aus seinem Auftritt eine Nachricht machen. Was ist das Geheimnis Ihrer Medienpräsenz?
Daniela A. Ben Said: Als ich 1998 kaum Aufträge hatte, bin ich hier in Osnabrück mit der Thermoskanne an der roten Ampel gestanden und habe Kaffee an wartende Autofahrer ausgeschenkt. Auf dem Kopf ein Käppi mit meiner Webadresse. Egal wie gering

Ihr Werbebudget ist: Für eine Kanne Kaffee und Tee reicht es immer. Ich habe auch schon Kondome mit dem Spruch »Ich will, dass du kommst« verteilt … Und diese Art von Werbung würde ich, wenn es sein muss, bis heute machen. Wenn die Aufträge schlecht laufen, nehme ich mein Shetland-Pony, setze mich auf die Kutsche und fahre durch die Fußgängerzone, um Flyer zu verteilen.

Kann man so hochpreisige Seminare verkaufen?
Ich komme so in die Köpfe der Leute. Mein Tagessatz liegt bei 4900 Euro netto.

Und Mailings haben Sie nie gemacht?
Wenn ich ein Mailing verschickt habe, war es zum Beispiel ein Kinderschuh: Wie bekomme ich einen Fuß in Ihre Tür? Oder ein Stein: Dieser Stein, nur zehnmal größer, fällt mir vom Herzen, wenn Sie mir eine Chance geben. Ich bin nie den klassischen Weg gegangen.

Wie sind Sie auf diese Marketingideen gekommen?
Viele Trainer sind sich für Handwerk zu schade. Ich mache es anders und dann heißt es oft: Wie kann man nur …? Aber wer nur brav ankommen will, der zeigt kein Profil. Das, wofür ich wirklich großes Talent habe, ist: Ich bin mir für keine Arbeit zu schade. Werde nie zu groß für kleine Dinge – das ist ein treffender Spruch. Außerdem war ich schon immer crazy in der Birne. Ich gehe die Wege anders. Daraus ist auch mein Buch (*DABS Verkauf*) entstanden.

Verbände schaffen Verbindungen

Claus von Kutzschenbach: »Aktive Mitglieder bekommen eine Menge zurück«

Wie viel leichter es das Leben machen kann, wenn man Teil einer Gruppe ist, hat Claus von Kutzschenbach, der Präsident des Berufsverbandes für Trainer, Berater und Coaches (BDVT), des ältesten Berufsverbandes dieser Berufsgruppe im deutschsprachigen Raum, schon als Kind gewusst. Der gebürtige Passauer wuchs als Zugereister in einem kleinen oberbayerischen Dorf auf. Unter den 25 Schülern seiner Klasse gab es außer ihm nur einen weiteren Jungen, der nicht aus dem Dorf kam. Claus von Kutzschenbach war zudem der Sohn eines Lehrers und trägt ein »von« im Namen. Er wäre als Außenseiter prädestiniert gewesen. Doch er »wollte mitspielen«, schloss Freundschaft mit den Klassenkameraden von den Bergbauernhöfen, mistete mit seinem besten Freund gern den Stall aus und lernte, mit bloßen Händen Fische zu fangen. Das Dasein in der Gruppe wurde sein Erfolgsprinzip. Von den 1950er-Jahren bis heute.

Rund die Hälfte seiner Arbeitszeit investiert der Managementtrainer seit seiner Wahl zum Präsidenten 2010 in die Verbandsarbeit. Eine zeitliche Größenordnung, von der auch Gaby S. Graupner, die Präsidentin der German Speakers Association, berichtet, in der die Trainer und Weiterbilder zusammengeschlossen sind, die als Redner auf die Bühne gehen. Wie immer hat von Kutzschenbach auch hier nicht lange überlegt, als man ihn für dieses Amt vorschlug: »Ich habe mich nie nach diesen Aufgaben gedrängt. Aber ich war in allen Teams, in denen ich mitgespielt habe, immer bereit, die mir zugedachte Rolle zu übernehmen«, erklärt der Diplom-Volkswirt und gelernte Zeitungsredakteur seine Haltung.

Ohne Gruppenzugehörigkeit war Claus von Kutzschenbach in keiner Phase seines Lebens unterwegs. Und nicht selten hat er den Leithammel gespielt. Mit jedem Stellenwechsel des Vaters wechselte der junge Claus das Internat. Das schult die Fähigkeiten, sich in neuer Umgebung schnell Freunde zu suchen und sich Beachtung und Respekt zu verschaffen. Seine erste Frage war immer: Welche Gruppe lässt mich mitspielen? »Und wenn es ein Führungsvakuum gab, habe ich es gefüllt. Ich kann es einfach nicht leiden, wenn eine Gruppe nicht weiß, was sie will. Dann werde ich aktiv«, erzählt der Managementberater. Mal gründete er eine Schülerzeitung mit, mal ein Schülerradio und sogar eine eigene Band. Dass er dadurch von den Lehrern besser wahrgenommen oder anders beurteilt wurde, hat von Kutzschenbach so nicht erlebt. Eher vermutet er, dass er sich seinen Einsatz für Gerechtigkeit – sowohl als Schüler als auch bei der Bundeswehr und später im Beruf als Betriebsobmann – wegen seiner guten Leistungen erlauben konnte. In jedem Fall war er immer gut vernetzt: »Man erfährt einfach mehr und bekommt sehr schnell ein Gefühl dafür, wie die Organisation tickt und was gerade Sache ist.« Eigentlich nur logisch, dass jemand, der seine Orientierungs- und Auffassungsgabe früh trainiert hat, dieses Wissen auch beruflich weitergibt. Claus von Kutzschenbach wird heute als Trainer vor allem für die strategische Beratung von Unternehmen, das Training von Führungskräften und für die kundenorientierte Marktpositionierung angefragt.

Auch die Mitgliedschaft in einem Berufsverband bringe strategische Vorteile, besonders für Trainer, die ansonsten tendenziell Einzelkämpfer seien, wirbt der Journalist, der sich erst 25 Jahre nach seinem Berufseinstieg als Berater selbstständig gemacht hat. »Voraussetzung ist: Man bringt sich wirklich aktiv ein. Mitglieder, die dies nicht tun, die nur konsumieren wollen, die verlieren wir schnell wieder.« Das liegt sicher auch daran, dass sie die Vorteile, die sie haben könnten, gar nicht ausschöpfen. Auch im Zeitalter der Dauererreichbarkeit per E-Mail und in sozialen Netzen gibt es für das persönliche Kennenlernen keinen Ersatz. Alle zwei bis drei Monate, so Claus von Kutzschenbach, sollte jemand, der wirklich vom Verband profitieren will, eine Veranstaltung besuchen. Vertrauen entsteht von Angesicht zu Angesicht. Und Vertrauen hat einen nicht zu unterschätzenden Einfluss auf die Qualität der Informationen, die ausgetauscht werden – auch auf die, die nach dem Kennenlernen dann letztendlich doch über das Internet bei Ihnen eintreffen.

Individuelles Netzwerk oder Datenautobahn?

Sich aktiv einbringen – damit meint von Kutzschenbach einen Austausch in zwei Richtungen: Angeboten folgen und selbst Angebote machen. »Das heißt, durchaus mal den Finger heben, wenn es etwas zu tun gibt« oder innerhalb des Verbandes für eine eigene Initiative zu werben. Dabei sei es auch kein Beinbruch, wenn der eigene Vorstoß nicht auf Anhieb Gefallen oder Unterstützer finde. In jedem Fall werde das persönliche Interessengebiet und der

Wille zum Engagement von den Kollegen wahrgenommen. Das einzige Verhalten, mit dem man sich wirklich keinen guten Ausweis erstelle, ist für von Kutzschenbach die Haltung: Ich bin der Größte und die Sonne strahlt nur durch mich. »Solche Leute kommen über ein gewisses Maß an Einsamkeit nicht hinaus.« Ansonsten gilt auch in einem Berufsverband: Wer nie auf sich aufmerksam macht, wird auch kaum gesehen und angesprochen. Statt eines Netzes mit vielen individuellen Fäden und Querverbindungen benutzt man dann nämlich nur die vom Vorstand gesponnenen Datenautobahnen.

Der Profit, den Sie für den Arbeitseinsatz in einer ehrenamtlichen Verbandsfunktion erhalten, besteht nicht aus Euros, sondern aus Informationen. Während Sie als einfaches Mitglied vor allem Wissen in Bereichen sammeln, die Sie für sich selbst als wichtig erkannt haben, bekommen Sie als Funktionsträger einen viel größeren Überblick. Viele Mitglieder tragen von Kutzschenbach ihr Anliegen vor. Und: »Als Präsident habe ich auch mit den Chefs der anderen Verbände einen Austausch. Mein Wissen über den Zustand und die Entwicklungen in unserer Branche ist dadurch ziemlich umfassend«, gibt von Kutzschenbach gern zu. Letztendlich kommt dieses Wissen natürlich auch seinen Kunden zugute.

Auffallend findet der Spitzentrainer, der mit *Frauen, Männer, Management* ein Buch darüber geschrieben hat, wie Frauen sich in der Männerwelt des Managements besser behaupten können, dass die Grundmuster des Rollenverhaltens nicht nur in den Unternehmen, sondern auch im Verband sofort durchschimmern. Sieben Körbe hat sich Claus von Kutzschenbach eingehandelt, als er eine neue Vize-Präsidentin suchte. »Schade, dass viele Frauen zwar auf der Regionalebene noch bereit sind, die Arbeit zu machen, aber für die höheren Positionen, in denen sie nicht mehr jeden kennen, für den sie Verantwortung übernehmen, so schwer zu gewinnen sind.«

Der Austausch mit anderen senkt die Fehlerquote

Bei sich selbst hat der Managementtrainer, der sich vor der Präsidentschaft schon fünf Jahre im Beirat des BDVT engagiert hat, beobachtet, dass seine Beratung durch die Erfahrungen, die er im Ehrenamt macht, noch effektiver geworden ist. Dass ihm heute nur noch halb so viele Fehleinschätzungen unterlaufen wie gefühlt vor sieben Jahren, führt Claus von Kutzschenbach neben der Berufserfahrung gerade auch auf den Austausch mit den Kollegen in seinem Berufsverband zurück. »Wenn Sie Erfolg haben wollen, müssen Sie die Szene wirklich kennen«, so der Verbandschef. Als Verbandsmitglied erlebe man die Strömungen rechts und links der eigenen Linie wesentlich intensiver und könne so ständig sein eigenes Verhalten im Business überprüfen. »Ich bekomme durch den Austausch Know-how, eine Orientierung, kann mich einordnen und korrigieren. Das darf man nicht unterschätzen!«

Wer in einer solchen Organisation zudem noch Ämter übernehme, schule dadurch seine kommunikativen Fähigkeiten enorm: »Mein Ziel muss es sein, viele Menschen unter einen Hut zu bringen, die vielleicht gar nicht unter einen Hut wollen. Und Sie müssen mit Menschen umgehen, die alle ehrenamtlich mit Ihnen zusammenarbeiten. Wenn Sie jemanden dazu motivieren wollen, mehr Verantwortung zu übernehmen, können Sie ihn in einem Verband ja nicht mit mehr Geld locken. Das ist eine Herausforderung!« Der Mann, der bei den Führungskräften als Trainer nach eigener Einschätzung gerade mit seiner schnellen, klaren und direkten Art Erfolg hat, musste erst lernen, dass die Kollegen in einem Verband manchmal auch gekuschelt und gepampert werden möchten. Sein Fazit steht fest: »Seit ich mehr Verantwortung im Verband übernommen habe, gehe ich auch mit meinen Kunden anders um. Ich bin flexibler geworden, wenn etwas nicht auf Anhieb auf Zustimmung stößt, und ich strahle noch mehr Souveränität aus.«

Mehr Aufträge zu erwarten wäre romantisch

Sich von einer Verbandsmitgliedschaft unmittelbar mehr Aufträge zu erwarten hält von Kutzschenbach jedoch schlicht für naiv. Das könne ein Verband nicht leisten. Selbst eine Präsidentschaft zahle sich nicht in diesem Sinn aus. »Meine Kunden sind vermutlich nicht unstolz«, drückt es der Managementberater etwas verhalten aus, »dass ihr Trainer auch noch Präsident des Berufsverbandes ist. Doch neue Aufträge sind dadurch nicht entstanden.« Der Verbandschef erinnert sich nur an einen einzigen Kunden, bei dem sein Amt dazu beitrug, dass er noch einen weiteren Auftrag bekam. Dazu kam es, nachdem er eine Abteilungsleiterin des Unternehmens gecoacht hatte. Auch der Vorstand des Unternehmens wurde dann auf den Verbandspräsidenten neugierig und wollte ihn kennenlernen. Daraus entstand eine weitere Beratung.

Als Einzelkämpfer müssen Sie sich ein Umfeld suchen

Claus von Kutzschenbach macht aus dem Interview mit uns fast einen kleinen Event. Wir treffen uns in Passau, einem der Orte, an denen er aufgewachsen ist. Zum Mittagessen hat er ein Restaurant mit Blick auf die Donau ausgesucht. Auf dem Weg zurück zum Bahnhof macht er einen kleinen Umweg, um uns die Stadt von ihrer schönsten Seite zu zeigen.

Susanne Petz/Gerd Kulhavy: Warum sind Sie 1998 Mitglied im BDVT geworden?
Claus von Kutzschenbach: Ich habe den BDVT kennengelernt, als ich noch beim Verlag arbeitete. Als ich mich selbstständig gemacht habe, war es für mich völlig klar, dass ich in den Verband eintrete. Als Selbstständiger ist man ja irgendwie ein Einzelkämpfer. Da brauche ich ein Umfeld, an dem ich mich reiben kann: Was sind die Trends? Wie machen es die anderen? Wenn man das nicht hat, kann es sehr leicht sein, dass man den Boden unter den Füßen verliert.

Macht es einen so großen Unterschied, ob ich irgendeinen Kollegen um Rat frage oder einen Kollegen, mit denen ich im selben Verband bin?

Ohne einen Verband haben Sie doch oft gar keinen Kontakt zu einem Kollegen, der genau die Erfahrung schon gemacht hat, die Ihnen gerade fehlt. Nehmen wir an, Sie wollen einem neuen Kunden ein Angebot schreiben und fragen sich, welche Honorarsätze dort gezahlt werden. Ich weiß, welche Honorare die anderen verlangen, welche neuen Methoden es gibt … Da helfen ein wenig auch die Fachzeitschriften. Aber das persönliche Gespräch mit den Verbandskollegen gibt mir sehr viel mehr Sicherheit in der Akquisition und in der Behandlung von Kunden.

Ist es auch üblich, sich mit Fragen an Verbandsmitglieder zu wenden, die man persönlich noch gar nicht kennt?

Das ist kein Problem. Wir haben eine interne Mail-Liste, über die oft Fragen gestellt werden, wie: Habt Ihr Erfahrungen mit …? Hat jemand schon mit diesem Auftraggeber gearbeitet? Was würdet Ihr bei diesem Konzept verlangen? In den Antworten geben viele Kollegen gute Informationen weiter. Erfreulicherweise wird mittlerweile in unserem Verband selbst über Honorarsätze und Vertragsbedingungen offen gesprochen. Das war lange Zeit nicht so. Die Angst vor der Konkurrenz war damals noch zu groß.

Der Leitfaden für Ihre PR

Ohne Netz kein Werken

➤ Betrachten Sie Konferenzen, Messen, Seminare als Angebote zum Netzwerken.

Meine Umsetzung:

_____

_____

➤ Die Pausen sind die Aktionszeit des Netzwerkers.

Meine Umsetzung:

_____

_____

➤ Checken Sie die Teilnehmerliste in Bezug auf interessante Gesprächspartner.

Meine Umsetzung:

_____

_____

➤ Vereinbaren Sie vorab 1:1-Meetings.

Meine Umsetzung:

_____

_____

➤ Stellen Sie fremden Menschen Fragen, statt gleich von sich zu erzählen.

Meine Umsetzung:

_____

_____

➤ Sparen Sie nicht mit Lob und Anerkennung.

Meine Umsetzung:

_____

_____

➤ Je breiter Ihr Netzwerk, desto besser sind Sie aufgestellt.

Meine Umsetzung:

_____

_____

Machen Sie aus Ihrem Auftritt eine Nachricht

➤ Lokale Medien interessieren sich für Infos mit lokalem Bezug.

Meine Umsetzung:

_____

_____

➤ Finden Sie Berührungspunkte zu den Themen in Ihrer Region.

Meine Umsetzung:

_____

_____

➤ Schaffen Sie Nachrichtenwert und Ereignisse selbst.

Meine Umsetzung:

_____

_____

➤ Suchen Sie Partnerschaften mit anderen Branchen und entwickeln Sie gemeinsame Events.

Meine Umsetzung:

_____

_____

➤ Überprüfen Sie, ob Ihre Info Nachrichtenwert hat:

1. Zahl der Betroffenen

2. Überraschung

3. Neuigkeit

4. Enthüllung

5. Prominenz

6. Erfolg

Meine Umsetzung:

_____

_____

Verbände schaffen Verbindungen

➤ Je umfassender Ihr Engagement, desto umfassender Ihr Nutzen.

Meine Umsetzung:

_____

_____

➤ Als Karteileiche zahlen Sie Beiträge und ernten fast nichts.

Meine Umsetzung:

_____

_____

➤ Engagieren Sie sich in Regionalgruppen und/oder Arbeitsgruppen.

Meine Umsetzung:

_____

_____

➤ Nehmen Sie Angebote wahr und ergreifen Sie auch selbst die Initiative.

Meine Umsetzung:

_____

_____

➤ Wer keine Fragen stellt, kann keine Antworten bekommen.

Meine Umsetzung:

_____

_____

➤ Seien Sie mit dem eigenen Wissen genauso großzügig, wie Sie es sich von Ihren Kollegen erhoffen.

Meine Umsetzung:

_____

_____

6   Die Kraft der Vision

Mit den *Geheimnissen der Spitzentrainer* haben Sie ein paar wesentliche Bauteile kennengelernt, die Sie für Ihren persönlichen Erfolg einsetzen können. Sie können jetzt damit ihr maßgeschneidertes Fahrzeug konstruieren, mit dem Sie unterwegs sein möchten. Sie werden sicher nicht alle Teile verwenden und auch nicht alle in der gleichen Stückzahl brauchen, sondern nur die, die wirklich zu Ihnen passen und in dem Umfang, der mit Ihrem Wesen harmoniert. Bleibt die Frage: Wohin fahren Sie? Um mit dem Auto von A nach B zu kommen, genügt ein Ziel. Damit Ihr Strategien-Fahrzeug Sie wirklich zum Erfolg führt, brauchen Sie nicht nur ein Ziel, sondern darüber hinaus eine Vision. Da einer der Autoren aus der Filmbranche kommt, möchten wir dies mit folgendem Vergleich verdeutlichen: Der Unterschied zwischen einem Ziel und einer Vision entspricht dem Unterschied zwischen dem Ziel, einen 90-minütigen Film herzustellen, und dem Drehbuch, in dem man die Story, die Inhalte, um die es gehen wird, festlegt. Schreiben Sie Ihr eigenes Drehbuch! Lassen Sie ein Bild in Ihrem Kopf entstehen mit der Szene, in der Sie – vielleicht in drei Jahren – leben wollen. Tun Sie so, als wäre es heute. Begeben Sie sich als Handelnder mitten in Ihr Bild hinein. Und dann beantworten Sie sich folgende Fragen:

➤   Welche Vision habe ich von meinem erfolgreichen Leben?

➤   Wie fühlt es sich an?

➤   Was genau tue ich?

➤   Wer arbeitet mit mir zusammen?

➤   Wer sind meine Kunden?

➤   Wo genau spielt sich diese Szene ab?

Im Unterschied zum Ziel hat eine Vision, die Wirkung auf Ihr Handeln entfaltet, etwas Magisches. Sie »appelliert an Träume und regt die Fantasie an«, sie versetzt Sie in die Lage, »das Undenkbare zu denken und das Unmögliche zu wagen«,[91] schreibt Jens-Uwe Meyer, dessen Erfolgsweg ihn vom Polizeikommissar in den Hamburger Drogenfahndung zum Managementberater und Inhaber des ersten Lehrstuhls Europas für Corporate Creativity an der Handelshochschule Leipzig führte. Als eines der prominentesten Beispiele für eine magische Vision nennt er Folgendes: Die amerikanische Raumfahrt war weit davon entfernt, Menschen sicher auf den Mond und wieder zurück zu bringen, als der amerikanische Präsident John F. Kennedy 1962 an der Rice University in Houston erklärte: »Wir haben uns entschlossen, noch in diesem Jahrhundert zum Mond zu fliegen. Nicht weil die Dinge einfach sind, sondern weil sie schwer sind. Weil uns dieses Ziel dabei hilft, die besten Energien und Fähigkeiten zu organisieren und zu messen.«[92] Dass und wie die Magie dieser Vision gewirkt hat, wissen wir alle …

Natürlich kann man es Größenwahn nennen und manche Zeitgenossen werden das 1962 sicherlich getan haben. So gesehen ist auch der Slogan von Boris Grundl (Antworten zur Menschenführung) nah am Größenwahn. Doch Grundl behauptet eben nicht, dass er diese Vision komplett erfüllt. Dann würde sie nämlich nicht mehr wirken. Eine magische Vision muss immer zu einem Teil auch unerreichbar bleiben, um das zu sein, was einen Menschen antreibt: das Unvorstellbare zu wagen.

Vielleicht denken Sie jetzt: Mag ja sein, dass so eine Vision wirkt, aber mein Thema, meine Aufgabe ist so alltäglich, so wenig spannend, dafür kann ich keine Vision entwickeln. Jens-Uwe Meyers Gegenargument ist seine Arbeit mit dem Spülmaschinenhersteller Hobart. Unsexy genug? Die Vision, die das Unternehmen entwickelt hat, lautet: Spülen ohne Wasser. Lassen Sie das bitte auf sich wirken. Können Sie sich vorstellen, wie das geht? Und einen solchen unglaublichen Aspekt hat jede magische Vision. Das Produkt, das dann entstand, war ein gewerblicher Geschirrspüler, der so wenig Wasser und Strom verbraucht, wie man es bis dahin nicht für möglich gehalten hatte.

Klar ist, dass eine Unternehmensvision eine solche motivierende Wirkung nur entfalten kann, wenn sie den Mitarbeitern nicht einfach übergestülpt wird, sondern wenn die Unternehmenskultur es zulässt, dass jeder sich die Vision auf seine persönliche Art und Weise zu eigen machen und für sich mit Leben füllen darf. Das beinhaltet zudem, dass die Unternehmensvision nicht für jeden Menschen exakt dieselbe Bedeutung hat, sondern dass auch verschiedene Aspekte davon den Mitarbeitern unterschiedlich wichtig sind. Das ist völlig ausreichend, denn in ihrer Gesamtheit bilden dann alle Mitarbeiter eines Unternehmens dennoch die ganze Vision ab.

Mittlerweile ist das Thema Vision ja so in Mode, dass kaum ein Unternehmen, das etwas auf sich hält, sozusagen oben ohne unterwegs sein möchte. Doch nicht immer ist Vision drin, wenn Unternehmen Vision draufschreiben. Das Ziel »Wir machen 25 Prozent mehr Umsatz« funktioniert ebenso wenig als motivierende Vision, wie die – wirtschaftlich sicher noch attraktivere – Vorstellung, 25 Prozent mehr Gewinn zu machen, niemanden dazu bringt, zu Hause in der Badewanne einen Geistesblitz zu haben. Eine Vision, die wirklich ansteckend wirkt, ist immer auch ein Herzensanliegen. Das, wofür sich Ihr Leben lohnt – für Sie selbst und für andere.

Eine magische Vision berührt das Herz

Fast alle Menschen haben in jungen Jahren eine Botschaft, die sie loswerden wollen, ein Talent, das sie auszeichnet, etwas, wofür sie sich mit ihrer ganzen Kraft einsetzen. Viele verlieren es jedoch irgendwann aus den Augen. Viele Manager, die über ihre Firma zu Susanne Petz ins Coaching geschickt werden, haben das Gefühl: Der Abstand zwischen dem, was als Herzensanliegen auftauchen könnte – wenn sie es denn zulassen würden – und dem, womit sie gerade ihren Lebensunterhalt verdienen, wäre so groß, so gigantisch, dass er im realen Leben unüberbrückbar ist. Ihre Erfahrung ist: Diese Sorge ist fast immer unbegründet! Das belegen auch die Geschichten der Spitzentrainer in diesem Buch. Hans-Uwe L. Köhler zum Beispiel, der als junger Mann im Folklore-Club in Hannover Brecht und Tucholsky rezitierte – und dann vom Zahnlabor

Erfolgreiche Menschen leben aus, was sie berührt

wirklich auf die Bühne fand (was ja alles andere als ein naheliegen-der Weg ist!). Oder Karl-Werner Schmitz, der viele Jahre Umleitung über das Versicherungswesen brauchte, bis er sein Thema, die Hap-tik, wieder in seine Arbeit integrierte. Oder Sabine Asgodom, die zwar keinen langen beruflichen Umweg gemacht hat, weil sie auch als schreibende Journalistin schon Geschichten erzählte, die aber viele Jahre benötigte, bis sie ihre kindliche Unbeschwertheit so weit zurückerobert hatte, dass sie leibhaftig vor den Leuten stehen und ihre Geschichten weitergeben konnte.

Erfolgreiche Menschen leben aus, was sie in ihrem Inneren berührt – auch in ihrem Arbeitsumfeld. Steve Jobs soll in einem Interview gesagt haben: »Lassen Sie nicht zu, dass der Lärm fremder Meinun-gen Ihre eigene Stimme übertönt. Und vor allem haben Sie den Mut, Ihrem Herzen und Ihrer Intuition zu folgen!« Wenn Sie das schaf-fen, liegt darin eine ganz besondere Kraft, die durch nichts anderes zu ersetzen ist.

Wie viel Zeit für die Umsetzung Ihrer Träume und Wünsche nehmen Sie sich?

Dass es nicht nur Sie selbst, sondern auch ein ganzes Unternehmen nach vorn bringt, wenn Sie sich neben dem Be- und Abarbeiten von all dem, was an Sie herangetragen wird, auch Zeit für Ihre persönli-che Vision und Ihre ureigenen Interessen nehmen, haben innovative Arbeitgeber erkannt. »Lizenz zum Träumen« nennt Jens-Uwe Mey-er beispielsweise die 20 Prozent der Arbeitszeit, die Google seinen Mitarbeitern einräumt, um Projekten nachzugehen, die sie persön-lich interessieren.

Wie viel Zeit gönnen Sie sich, in der Sie einfach einmal etwas aus-probieren dürfen, in der nicht alles sofort einen Sinn ergeben muss, in der Sie inneren Impulsen folgen, ohne gleich deren wirtschaftli-che Relevanz zu überprüfen? Wir, die Autoren, können darauf lei-der auch nur antworten: garantiert zu wenig! In jedem Fall weniger als das Google-Fünftel. Wie so viele Menschen lassen auch wir uns

– wider besseres Wissen – zu sehr leiten von Gedanken, wie: Das muss/kann/will ich jetzt auch noch schnell machen. Und stellen alles andere, das weder laut schreit, wenn es nicht beachtet wird, noch auf das Hier und Heute einen in Euro messbaren Einfluss zu haben scheint, gern hintenan.

»Die Energie folgt der Aufmerksamkeit.« Dieser Satz fällt in Thorsten Haveners Buch *Denk doch, was du willst* so oft, dass man ihn nicht mehr vergessen kann. Ein weiterer Satz aus seinem Buch, den wir mögen: »In unserer Gedankenwelt wird es immer nur die Begrenzungen geben, die wir zulassen.« Wenn Sie eine Vision entwickeln und diese wirklich bildhaft vor sich haben, sodass sie vor Ihrem inneren Auge schon wahr ist, dann ist die Wahrscheinlichkeit sehr groß, dass sich in Ihrem Leben Möglichkeiten ergeben, die Sie Schritt für Schritt ans Ziel führen. Und das gilt, selbst wenn es Ihnen nicht gelingt, der Arbeit an Ihren Zielen, auf die jede Vision im Konkreten heruntergebrochen werden muss, von vornherein mehr Zeit zu widmen.

Synchronizität ist ein Fachbegriff für das, was dann passieren kann. Carl Gustav Jung hat mit Synchronizitäten gearbeitet.[93] Damit ist die Zeitgleichheit und Sinngleichheit von Ereignissen gemeint – sinnvolle Zufälle. Es ist absolut nicht jeder Zufall ein sinnvoller Zufall und wir fordern hier auch niemanden auf, jedem Zufall eine Bedeutung zu unterstellen. Dennoch ging schon C. G. Jung davon

Synchronizitäten sind sinnvolle Zufälle

aus, dass die äußeren und die inneren (psychischen) Abläufe miteinander korrespondieren. Die Art und Weise, wie sie das tun, lässt sich mit Kausalitäten nicht erklären. Doch wenn Sie in Ihrem Inneren wissen, wohin die Reise gehen soll, können synchronistische Ereignisse Ihnen zu Quantensprüngen auf Ihrem Erfolgsweg verhelfen.

Synchronizität ist nicht willentlich herstellbar, sie tritt spontan auf. Zwei weitere wesentliche Kriterien von sinnvollen Zufällen sind: 1. Sie hinterlassen einen tiefen emotionalen Eindruck. 2. Sie haben oft auch eine symbolische Bedeutung, vergleichbar mit Traumbotschaften, die sich mit Worten ebenfalls nie ganz erfassen lassen.[94] Die Psychotherapeutin Elisabeth Mardorf bezeichnet synchronistische Ereignisse als »Spiegel der Seele«.[95] Sinnvolle Zufälle sind Geschenke, die das Leben Ihnen macht. Sie müssen nur zugreifen. Das heißt: Sie können diese Angebote des Lebens nutzen, sofern Sie sie wahrnehmen, wenn sie Ihnen begegnen. Manchmal sind es Abkürzungen, manchmal erhellende Umwege, manchmal bessere Alternativen, die das Leben Ihnen zu bieten hat.

Wenn wir verbissen auf ein ganz konkretes Ziel hinarbeiten und das Gefühl haben, vollen Einsatz geben zu müssen, um dieses Ziel zu erreichen, nehmen wir diese Geschenke leider oft nicht wahr. Damit vergeuden wir ein großes Erfolgspotenzial. Manchmal liegt der Charme sinnvoller Zufälle auch nicht offensichtlich vor uns, denn es sind Angebote, die vielleicht nicht unseren üblichen Trampelpfaden entsprechen. Optimal ist eine Haltung, bei der Sie sich sowohl für eine Sache einsetzen als auch entspannt darauf vertrauen, dass – wenn es sein soll – noch etwas Unterstützendes passiert. Kommt Ihnen überhaupt kein Zufall zu Hilfe und empfinden Sie ein Unterfangen als wirklich mühsam, dann nehmen Sie das als Zeichen, Ihre Vision noch einmal zu überprüfen. Manchmal kommen statt der erhofften positiven Unterstützung eines Vorhabens Angebote des Lebens, die in eine ganz andere Richtung führen. Dann gilt es, genau hinzuschauen! Synchronizitäten können richtungsweisende Zeichen sein, die Sie auf Themen aufmerksam machen, Ihnen Irrwege ersparen und so dabei helfen, wichtige Lebensentscheidungen zu treffen.

Zufälle als Entscheidungshelfer

Erfolg entsteht im Miteinander – mit der Welt, mit Ihrer Familie und Ihren Freunden, mit Ihren Kunden und Kollegen. Offenheit für alles, was sich im Miteinander zeigt, ist die innere Haltung, die persönlichen Erfolg und das Gefühl von Erfüllung möglich macht. Vertrauen Sie darauf, dass sich Ihre Vision mitteilt, ohne dass Sie sie laut fordernd aussprechen müssen. Sehen Sie jeden Menschen, dem Sie begegnen, als ein Angebot, kleine Hinweise für Ihren weiteren Lebensweg zu entdecken.

Dank

Wir bedanken uns herzlich bei den Trainern und Coachs, die in diesem Buch für Interviews zur Verfügung standen: Sabine Asgodom, Daniela A. Ben Said, Andreas Buhr, Klaus J. Fink, Oliver Geisselhart, Gaby S. Graupner, Boris Grundl, Thorsten Havener, Hans-Uwe L. Köhler, Claus von Kutzenbach, Werner Tiki Küstenbacher, Monika Matschnig, Marco von Münchhausen, Karl-Werner Schmitz und Lothar Seiwert.

Des Weiteren danken wir Birte Otterbach, Jana Kulhavy, Roman Czychi, Thomas Quak und Lorenz Haberl.

Anmerkungen

1 »Die Selbstoptimierung wird zur Religion erhoben.« *Die Welt im Gespräch mit Dr. Stefanie Duttweiler. Welt online*, 11.2.2012

2 A. Bandura, R. H. Walters: *Social Learning and Personality Development.* New York 1963.

3 Forsa: Bevölkerungsrepräsentative Online-Befragung mit 577 Befragten vom 9. bis 14.10.2003. Vgl. http://www.stern.de/kultur/buecher/rangliste-die-200-idole-der-deutschen-514688.html

4 Mihaly Csikszentmihalyi: *Flow im Beruf, Das Geheimnis des Glücks am Arbeitsplatz*, 2. Auflage, Stuttgart, 2004.

5 Wilhelm Wegner: »Karl Bechert«, in: *Chrismon*, 02/2012

6 Ebd.

7 Karl Polanyi: *The Great Transformation*, 1. Ausgabe 1957 (11. Ausgabe 1971, Beacon Press und Rinehart & Company). Deutsche Ausgabe: *The Great Transformation. Politische und ökonomische Ursprünge von Gesellschaften und Wirtschaftssystemen.* Übersetzt von Heinrich Jelinek. Wien, 1977.

8 Hermann H. Wala: *Meine Marke. Was Unternehmen authentisch, unverwechselbar und langfristig erfolgreich macht,* München, 2011. S. 99

9 AMA Dictionary, American Marketing Association AMA, www.marketingpower.com. Eigene Übersetzung: »ein Name, Begriff, Symbol oder anderes Element, das ein Produkt oder eine Dienstleistung deutlich vom Mitbewerber unterscheidet.«

10 Vgl. »Meaningful brands for a sustainable future«, Studie durchgeführt von Havas Media, 2011.

11 Prof. Dr. Franz Findeisen: *Der Markenartikel im Rahmen der Absatzökonomie der Betriebe,* Berlin 1924, Reprint Frankfurt am Main, 1980. S. 39

12 Ebd.

13 Nina Mazar, Chen-Bo Zhong: »Do Green Products Make Us Better People?« University of Toronto, veröffentlicht in *Psychological Science,* 21 (4), 2010. S. 494–498

14 Hermann Simon: »Freiheit und Sinnstiftung: Führung im 21. Jahrhundert«, in: Reinhard Mohn: *Unternehmer Stifter Bürger,* Gütersloh 2001, S. 105–115.

15 Hermann H. Wala, 2011. a. a. O.

16 Hanna Lena Deitmar: *Die Beziehung von Unternehmenskultur und Unternehmensmarke. Ein Beitrag zum Behavioral Branding.* Wiesbaden, 2012. S. 2

17 Vgl. Glaubwürdigkeit als Wettbewerbsvorteil, 3. Wiesbadener Dialog der Egon Zehnder International Consumer Practice Deutschland, Juni 2005, Kurhaus Wiesbaden.

18 Jon Christoph Berndt: »Wissen Sie, wer Sie sein wollen?«, in: *Abendblatt,* 4./5. Juni 2011

19 Jon Christoph Berndt: *Die stärkste Marke sind Sie selbst! Schärfen Sie Ihr Profil mit Human Branding.* München, 2009, S. 76 ff.

20 Ebd., S. 82

21 Kerstin Friedrich, Fredmund Malik und Lothar Seiwert: *Das große 1 × 1 der Erfolgsstrategie. EKS® – Erfolg durch Spezialisierung. Mit einem Geleitwort von Wolfgang Mewes.* 17. Auflage. Offenbach, 2012

22 »Pareto-Prinzip«, in: Lothar Seiwert: *Noch mehr Zeit für das Wesentliche. Zeitmanagement neu entdecken.* 3. Auflage. München, 2011, S. 124 ff.

23 Kerstin Friedrich, Fredmund Malik und Lothar Seiwert, 2012. a. a. O.

24 http://dipbt.bundestag.de/dip21/btd/17/085/1708531.pdf

25 Umfrage zum Arbeitspensum von Fach- und Führungskräften, Fachhochschule für Oekonomie & Management (FOM) Essen, 2007

26 Verband der Redenschreiber deutscher Sprache (VRdS): Mehr Inhalt, weniger Performance bei Hauptversammlungen. Pressemitteilung vom 17.3.2009. http://www.presseanzeiger.de/meldungen/handel-wirtschaft/275788.php

27 Maja Storch: *Das Geheimnis kluger Entscheidungen.* München, 2008. S. 87

28 Susanne Petz: »Mit Persönlichkeit aufs Podium«, in: *Manager Seminare,* Heft 147, 2010

29 Jon Christoph Berndt: »Steve Jobs, Apple-Chef & iGod«, in: *Handelsblatt,* 26.10.2007

30 Diese Zahlen leitete der US-Psychologe Albert Mehrabian 1971 aus Studien ab, in denen er untersucht hatte, wie die Menschen reagieren, wenn Wortinhalt, Tonfall und Gestik sich widersprechen.

31 Deutsche Public Relation Gesellschaft (DPRG): »Auf den Inhalt kommt es an.« Pressemitteilung vom 15. 6. 2007. http://www.presseportal.de/pm/6688/1002047/auf-den-inhalt-kommt-es-an-allensbach-studie-belegt-der-text-einer-rede-entscheidet-ueber-wirkung

32 Katrin Terpitz: »Deutschlands Manager haben ein Imageproblem.« Düsseldorfer Gespräch mit Egbert Deekling, Christine Stimpel und Frank Dopheide, in: *Handelsblatt* vom 25./26.11.2011, S. 56 ff.

33 CEO Reputation. CEO Reputation and its inextricable link with company image. Results of Burson-Marsteller CEO Reputation Survey 2005

34 Pressebericht der Robert Bosch GmbH vom 25.1.2012: »Bosch hat Wachstumsziel übertroffen. Vorläufige Zahlen zum Geschäftsjahr 2011«

35 Zitat aus: Results of Burson-Marsteller CEO Reputation Survey 2005. Eigene Übersetzung: »Das Ergebnis belegt, dass es einen deutlichen Zusammenhang gibt zwischen der Reputation eines Unternehmens und der eines CEO. (…) Ein CEO mit einer guten Reputation steht aus unterschiedlichen Gründen für messbares Unternehmenskapital. In diesem Fall glauben die Menschen wahrscheinlich eher an das Unternehmen, wenn dieses unter Druck gerät, empfehlen es als Arbeitgeber und haben auch weiterhin Vertrauen, selbst wenn der Aktienkurs fällt.«

36 Erika Fischer-Lichte: *Semiotik des Theaters. Das System der theatralischen Zeichen.* Band 1. Tübingen, 1994. Seite 21

37 Vgl. K. Frenzel, M. Müller, H. Sottong: *Storytelling. Das Praxisbuch.* München, 2006; Dieter Herbst: *Storytelling*, 2., überarbeitete Auflage, Konstanz, 2011; Chip Heath, Dan Heath: *Was bleibt. Wie die richtige Story Ihre Werbung unwiderstehlich macht.* München, 2008

38 Zitiert nach »Bond, Schröder, Brioni«, in *Zeit online* vom 18.11.1999

39 Werner Kroeber-Riel: *Bildkommunikation,* München 1993, S. 53

40 Christina Berndt: »Wie Bilder den Verstand täuschen.« *Spiegel online,* 16.5.2006. http://www.spiegel.de/wissenschaft/mensch/0,1518,415299,00.html

41 Werner Kroeber-Riel: *Bildkommunikation. Imagerystrategien für die Werbung.* München 1996, S. 53

42 Johannes Itten: *Kunst der Farbe. Subjektives Erleben und objektives Erkennen als Wege zur Kunst.* Neuauflage. Freiburg, 2010.

43 Werner Kroeber-Riel, 1996. a. a. O. S. 36 ff.

44 Akademie für Führungskräfte der Wirtschaft: Entweder – oder: Wie entscheidungsfreudig sind deutsche Manager? Befragung von 560 Führungskräften der Wirtschaft. Akademie-Studie, Überlingen, 2005

45 Malcolm Gladwell: *Blink! Die Macht des Moments.* Übersetzt von Jürgen Neubauer. Frankfurt am Main, 2005. S. 22

46 Gerhard Roth: *Fühlen, Denken, Handeln. Wie das Gehirn unser Verhalten steuert.* Berlin 2003

47 Vgl. dazu Maja Storch: *Das Geheimnis kluger Entscheidungen.* München, 2008. S. 19 ff.

48 Ebd., S. 21

49 Beate und Martin Nimsky: *Intrinsische Kompetenz: Sie haben es in sich.* Bergisch-Gladbach, 2010

50 Maja Storch, 2008, a. a. O. S. 26

51 Vgl. Antonio Damasio: *Descartes' Irrtum. Fühlen, Denken und das menschliche Gehirn.* München, 1994.

52 Jon Christoph Berndt: »Steve Jobs, Apple-Chef & iGod«, in: *Handelsblatt* vom 26.10.2007

53 Nadine Ahr: »Ich, Ich, Ich – der Mensch als Marke«, in: *Die Welt* vom 11.12.2010

54 Eine interessante Übersicht liefert der Norweger Helge Tennø: »It's time for an update: First impressions marketing brand and participants – employing a winning design strategy.« http://www.slideshare.net/helgetenno/first-impression-marketing-brand-and-participants-2010-update. Vgl. auch: Thomas Jendrosch: *Impression Management. Professionelles Marketing in eigener Sache.* Wiesbaden, 2010.

55 Martin Nicol: *Einander ins Bild setzen. Dramaturgische Homiletik.* Göttingen, 2005

56 Peter F. Drucker: *The Effective Executive.* Oxford, 1967

57 Rolf W. Schirm, Jürgen Schoemen: *Evolution der Persönlichkeit. Die Grundlagen der Biostruktur-Analyse*, IBSA Institut für Biostruktur-Analysen. Luzern, 2007

58 Alexander Christiani, Frank M. Scheelen: *Stärken stärken. Talente entdecken, entwickeln und einsetzen – mit Begabungsanalyse und individuellem Talententwicklungsprogramm.* München, 2008

59 »Rotmacht aktiv. Forscher zeigen: Farben ändern unser Verhalten.« Prof. Axel Buether im Fernsehinterview. Nano vom 22.11.2011. ttp://www.3sat.de/mediathek/?mode=play&obj=28116

60 Monika Scheddin: *Wecke die Diva in dir.* München, 2011

61 Vgl. Wikipedia: »Intrapreneurship, der Begriff setzt sich zusammen aus den beiden englischen Wörtern *Intracorporate* und *Entrepreneurship* (…) Die Mitarbeiter sollen sich so verhalten, als ob sie selbst Unternehmer (Entrepreneur) wären.«

62 Vgl. Daniel Goleman, Richard Boyatzis, Annie McKee: *Emotionale Führung.* Berlin, 2003. S. 9 ff.

63 Karin Pfeiffer: »Unternehmerisch handeln heißt ausprobieren.« Interview mit dem Wirtschaftssoziologen Lutz Langhoff, in: working@office, Wiesbaden, 30.9.2011, http://www.workingoffice.de/Top-Themen/161/7748/Unternehmerisch-handeln-heisst-ausprobieren.html

64 Dr. Hagen Lesch, Holger Schäfer, Dr. Jörg Schmidt: *Arbeitszufriedenheit in Deutschland – Messkonzepte und empirische Befunde.* IW-Analysen 70, Forschungsberichte aus dem Institut der deutschen Wirtschaft Köln, 2011.

65 Thomas Röbke: »Der 20-Gramm-Brief«, *Die Zeit,* 4.2.2010

66 Ebd.

67 Die Benchmark-Studie Ideenmanagement wird alljährlich vom Deutschen Institut für Betriebswirtschaft (dib) durchgeführt, 2011 in Kooperation mit der Unternehmensberatung Fließ & Partner und der Fernuniversität Hagen. www.dib.de

68 Mario Gotterbarm: »Das Gold in den Köpfen.« in: *FAZ*, 14.8.2009

69 Prof. Dr. Manfred Kirchgeorg, Evelyn Kästner (M. A.): Das Kreativitätspotenzial der Deutschen. Ergebnisse einer repräsentativen Befragung im Auftrag der Wirtschaftsinitiative für Mitteldeutschland GmbH. Lehrstuhl für Marketingmamangement HHL – Leipzig Graduate School of Management. Leipzig, 2007

70 Hermann Simon: »Freiheit und Sinnstiftung: Führung im 21. Jahrhundert«, in: Reinhard Mohn: *Unternehmer Stifter Bürger*. Gütersloh, 2001. S. 105–115

71 www.gore.com

72 Deutsches Institut für Wirtschaftsforschung, Pressemitteilung vom 5.5.2010, www.diw.de

73 Frederic Vester: *Denken, Lernen, Vergessen*. München, 1998

74 Wortstamm von manifestieren: lat. manus = die Hand

75 These aus der neueren Kognitionswissenschaft, nach der Intelligenz einen Körper benötigt, also eine physikalische Interaktion voraussetzt. Siehe unter anderem Maja Storch, Benita Cantieni, Gerald Hüther und Wolfgang Tschacher: *Embodiment. Die Wechselwirkung von Körper und Psyche verstehen und nutzen*. Bern, 2006

76 Manfred Spitzer: *Medizin für die Bildung. Ein Weg aus der Krise*. Heidelberg, 2010

77 Anders Parment: *Die Generation Y – Mitarbeiter der Zukunft. Herausforderung und Erfolgsfaktor für das Personalmanagement*. Wiesbaden, 2009.

78 Eva Buchhorn, Klaus Werle: »Die Generation des schnellen Aufstiegs. Kampf um Talente«, in: *Manager Magazin* vom 1.6.2011

79 Martin Tschechne: »Im Gewitter der Geistesblitze«, in: *Die Zeit* 05/2011 vom 27.1.2011

80 Zitiert nach Angelika Dammann: »Einzelkämpfer ade«, in: *Wirtschaftswoche vom 24.1.2012*

81 Martin Wehrle: »Alle Tiere sind gleich, aber einige sind gleicher« George Orwell, Animal Farm. Das Zitat ... und Ihr Gewinn. Kolumne in: *Die Zeit,* Nr. 46/2010 vom 11.11.2010. www.zeit.de/2010/46/C-Coach/komplettansicht

82 Studie »From Dedication to Medication?« von Regus veröffentlicht im November 2011, http://www.regus.presscentre.com/Press-Releases/One-in-three-workers-puts-in-nine-to-eleven-hours-every-day-2bc2.aspx

83 Quelle: Wikipedia, Januar 2012

84 In: *Neue Zürcher Zeitung/NZZ executive,* 11.9.2011

85 Zitiert nach Jochen Mai: »Eine Gebrauchsanweisung zum Netzwerken«, in: *Wirtschaftswoche* vom 23.9.2010

86 Zitiert nach Mascha Dinter: »Wie Sie Ihr Netzwerk erfolgreich nutzen«, in: *Handelsblatt* vom 23.2.2012

87 www.dictyonomie.de/Networking-Studie-2012/Ergebnisse-Networking-Studie/index.html

88 Ebd.

89 Miguel Zamorrano: »Tipps fürs Netzwerken«, in: *Wirtschaftswoche* vom 30.1.2012

90 Unternehmen Erfolg ist ein Veranstalter von Vortragsabenden zur beruflichen und persönlichen Weiterbildung

91 Jens-Uwe Meyer: *Kreativ trotz Krawatte. Vom Manager zum Katalysator.* Göttingen, 2010. S.105

92 Ebd., S. 99

93 Elisabeth Mardorf: *Das kann doch kein Zufall sein! Verblüffende Ereignisse und geheimnisvolle Fügungen in unserem Leben.* München, 1997

94 Ebd., S. 212

95 Ebd., S. 9

Stichwortverzeichnis

Gerd Kulhavy, der führende Experte für Trainer- und Rednerpositionierung, hat sich mit seinem Konzept »Vom Trainer zur Marke« einen Namen gemacht. Er gilt als »der« Pionier des deutschsprachigen Speaker-Marktes und prägte diesen nachhaltig mit den von ihm entwickelten Marketingstrategien.

Der Vollblutunternehmer und Marketingspezialist studiert seit über 15 Jahren die Erfolgsrezepte und Geheimnisse der namhaftesten Trainer und Referenten des nationalen und internationalen Marktes. Über 1000 Gespräche zur Rednerpositionierung bilden seinen großen Erfahrungshintergrund. Begegnungen mit prominenten Persönlichkeiten aus Politik, Sport, Wirtschaft, Bildung und Life Style inspirierten ihn tief greifend. Als Vorsitzender der Geschäftsführung der Speakers Excellence Deutschland Holding GmbH, begleitet er heute eine ausgewählte Zahl von herausragenden Top-Referenten auf ihrem Weg zur Marke. Gerd Kulhavy ist ein Mann aus der Praxis für die Praxis, dem es auf beeindruckende und unverwechselbare Art und Weise gelingt, die Kernthemen und -botschaften eines Referenten wirkungsvoll auf den Punkt zu bringen.

Gerd Kulhavy gründete Speakers Excellence im Jahr 2002. Das Unternehmen mit Hauptsitz in Stuttgart ist heute mit 25 Mitarbeitern die führende Referentenagentur in Deutschland, Österreich und der Schweiz und Mitglied der ISAB (International Assocation of Speakers Bureaus). Als Herausgeber des Top 100 Excellent Speakers Katalogs und des Top 100 Excellent Trainers Katalogs schuf Gerd Kulhavy zwei exklusive Nachschlagewerke für die Buchung professioneller Vortragsredner und Trainer aus den Bereichen Wirtschaft, Politik, Bildung und Sport.

www.speakers-excellence.de

www.geheimnisse-der-spitzentrainer.de

Susanne Petz ist Expertin für persönliche Kommunikation, Coach und Filmproduzentin. Den Menschen ihr volles Überzeugungspotenzial zu entlocken ist ihre Leidenschaft. Schon als Autorin von Dokumentarfilmen wollte sie von ihren Protagonisten wissen, was diese wirklich berührt und bewegt. Diese Fragen nach dem Wesentlichen spielen in ihren Coachings zur Positionierung und zu überzeugender Kommunikation eine große Rolle.

Susanne Petz entdeckt mit jedem Menschen dessen persönliche Kernbotschaft. Diese Message ist der Herzschlag von Überzeugungskraft, Motivationsfähigkeit und einer authentischen Positionierung. Durch die Kernbotschaft verbindet sie den Menschen mit seinem Arbeitsthema. Sie unterstützt bei der Entwicklung einer eigenen Vision. Der Auftritt – die Kommunikation in Unternehmen, in Medien und mit dem Kunden – wird damit persönlich und einzigartig.

Bevor Susanne Petz 2007 ihre Arbeit als Coach und Speaker in der Weiterbildung begann, war sie Hörfunk-Redakteurin und -Moderatorin, TV-Journalistin und führte zehn Jahre als Produzentin und Geschäftsführerin eine evangelische Film-Produktionsfirma. Die Politologin und Journalistin schreibt seit 30 Jahren über Themen aus Psychologie und Arbeitswelt. Umfangreiche psychologische Fortbildungen machen sie zu einem Sparrings-Partner mit ebenso viel Tiefgang wie Wissen um die Spielregeln der persönlichen Kommunikation.

www.susannepetz.de

www.geheimnisse-der-spitzentrainer.de